JANIS JOPLIN

por ela mesma

Os Objetivos, a Filosofia e a Missão da Editora Martin Claret

O principal Objetivo da MARTIN CLARET é continuar a desenvolver uma grande e poderosa empresa editorial brasileira, para melhor servir a seus leitores.

A Filosofia de trabalho da MARTIN CLARET consiste em criar, inovar, produzir e distribuir, sinergicamente, livros da melhor qualidade editorial e gráfica, para o maior número de leitores e por um preço economicamente acessível.

A Missão da MARTIN CLARET é conscientizar e motivar as pessoas a desenvolver e utilizar o seu pleno potencial espiritual, mental, emocional e social.

A MARTIN CLARET está empenhada em contribuir para a difusão da educação e da cultura, por meio da democratização do livro, usando todos os canais ortodoxos e heterodoxos de comercialização.

A MARTIN CLARET, em sua missão empresarial, acredita na verdadeira função do livro: o livro muda as pessoas.

A Martin Claret, em sua vocação educacional, deseja, por meio do livro, claretizar, otimizar e iluminar a vida das pessoas.

Revolucione-se: leia mais para ser mais!

MARTIN CLARET

LIVRO-CLIPPING

JANIS JOPLIN

por ela mesma

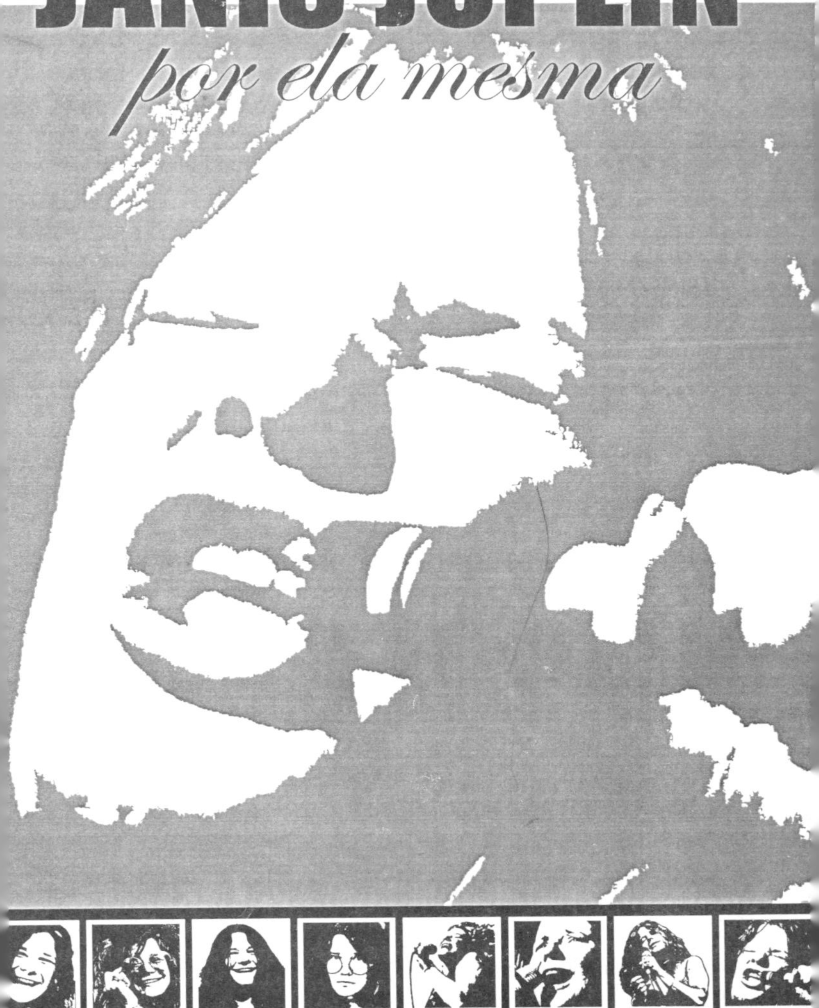

MARTIN CLARET

Créditos

Atanásio Cosme - organizador deste livro, é paulistano, fundador e presidente do fã-clube de Janis Joplin Pearl White of Texas - caixa postal: 59070, São Paulo-SP. O fã-clube realiza encontros periódicos, nos quais os admiradores da cantora têm oportunidade de trocar informações e juntos rever e ouvir o trabalho de Janis Joplin.

IDEALIZAÇÃO E REALIZAÇÃO
Martin Claret

MIOLO
Revisão
Rosana G. Citino

Projeto Gráfico
José Duarte. T de Castro

Direção de Arte
José Duarte T. de Castro

Digitação
Graziella Gatti Leonardo

Editoração Eletrônica
Editora Martin Claret

Fotolitos da Capa
OESP

Papel
Off-Set, 70g/m²

Impressão e Acabamento
Paulus Gráfica

EDITORA MARTIN CLARET
R. Alegrete, 62 - Bairro Sumaré - CEP: 01254-010
São Paulo - SP - Tel.: (11) 3672-8144 - Fax: (11) 3673-7146

Agradecemos a todos os nossos amigos e colaboradores — pessoas físicas e jurídicas — que deram as condições para que fosse possível a publicação deste livro.

www.martinclaret.com.br

Este livro foi composto e impresso no verão de 2004.

JANIS JOPLIN

Índice

"Algumas vezes, a música é a única forma de melhorar a vida."

PREFÁCIO
do Editor

O propósito da coleção
O Autor por Ele mesmo

Martin Claret

Estudos da História moderna têm revelado que somos uma civilização construída sobre os fundamentos da escrita. O Homem, no seu aspecto histórico-cultural, tem sido, grandemente, um produto do livro.

Um recente relatório da UNESCO, sobre o hábito da leitura no mundo, conclui que nenhum outro processo de comunicação — inclusive o eletrônico — é instrumento mais adequado de treino mental e fortalecimento do poder da imaginação do que o contato humano com o material impresso de boa qualidade: o livro.

Educadores e cientistas sociais têm constatado que, ao lado da informação de massa, vem se desenvolvendo a "moderna sociedade instruída" — uma sociedade que não só garante a todos uma instrução básica, mas também se preocupa com o ensino dos adultos.

No mundo de hoje e no de amanhã, jamais deixaremos de ser alunos. O educador moderno está aperfeiçoando esse ideal de educação permanente, em jovens e adultos. Neste contexto educacional, o livro é o instrumento fundamental.

Aqui, ousamos "futurar", com o mestre Antônio Houaiss, fazendo nossas as palavras que ele escreveu em seu magnífico prefácio para A Construção do Livro, *de autoria de Emanuel Araújo: "(...) o livro, materialmente, na sua feição mais requintada ou mais generalizada presentes — folhas de papel impresso, alçadas, coligadas e vestidas numa unidade normalmente portátil (mesmo que a duas mãos) —, esse livro pode desaparecer: mas não desaparecerão, com sua fisicidade, as suas mensagens e seus códigos (...) O computador que equivaler à soma de todos os livros será um servo daqueles dialetos — da linguagem oral, que é sobretudo resultado dialético da linguagem escrita (...)*

O 'Livro' poderá, assim, para certos fins, apresentar-se sob outra técnica física. Mas, enquanto perdurar o rigor da leitura a sós, o enlevo da leitura, a emoção do manuseio sensual das páginas, enquanto isso perdurar, teremos os livros-livros, esses que estão aí tão incorporados à nossa maneira de sermos humanos (tanto assim que, onde ele não é isso, aí impera o atraso, a sotoposição, a exploração)".

Também Jorge Luis Borges, o extraordinário escritor argentino — ele amava infinitamente os livros —, conceituou, com incrível lucidez e alcance universal, a importância do livro. Eis o seu pensamento: "Dos muitos instrumentos inventados pelo homem, nenhum pode comparar-se nem de longe ao livro, porque os outros instrumentos são extensões, são mecanismo desse outro mecanismo que é o nosso corpo... Em troca, o livro é uma extensão da memória e da imaginação".

Sim, o livro — esse fundador de civilizações — continuará a influenciar, com dinâmico impacto, o infinito universo de nossas possibilidades.

Nós, que existimos e nos movemos no mundo dos livros; nós, que criadoramente amamos o livro em todas as suas formas e tecnologias, acreditamos substantivamente na função do livro.

A criação e a publicação desta coleção O Autor por Ele Mesmo *são o resultado final de uma pesquisa de campo, em que se detectou um perfil de leitor: o jovem com um projeto de vida, desejoso de saber mais e consciente da necessidade de atualizar o seu potencial. Vem para atender a uma necessidade cultural e de mercado.*

A coleção O Autor por Ele Mesmo *não é uma simples série de fascículos, de seqüência obrigatória. É uma biblioteca permanente de livros independentes. Dinamicamente ilustrado, foi diagramado para oferecer uma leitura fácil e agradável.*

É um moderno e informativo estudo, destinado principalmente à juventude.

Os doze primeiros personagens foram selecionados pela nossa coordenação editorial, mas a coleção é uma proposta aberta e aceita permanentemente sugestões editoriais e de títulos. O limite quantitativo da coleção será determinado pelos próprios leitores.

*Nosso projeto editorial é oferecer o livro ciberneticamente construído — o livro-*clipping *—, cujas características sejam: custo barato, "livro para ler"; encontrável em qualquer parte e elaborado de forma a atender à nossa realidade cultural e socioeconômica. Nosso modelo para inovar foi copiar o processo criador da própria Natureza — "fazer o novo a partir do velho".*

Acreditamos lobatianamente ("um país se faz com homens e livros") que a leitura de textos fundamentais dos grandes personagens da Humanidade é benéfica, instrutiva e motivadora em si, com força capaz de complementar convenientemente a formação da mentalidade das gerações presentes e futuras, despertando potencialidades e vocações.

Participe positivamente.

Você nunca é o mesmo depois de ler um livro.

Livro muda as pessoas.

Livro muda o mundo.

Leia mais para ser mais!

“As pessoas em Port Arthur pensavam que eu era *beatnik* e elas não gostavam de *beatnik*, mesmo que nunca tivessem visto um...”

JANIS JOPLIN
Um Estudo

Rock, a glória

Ana Maria Bahiana

A sra. Dorothy Joplin pessoalmente quis tirar a fotografia: sua filha mais velha, Janis Lyn, estava fazendo sete anos, e tinha convidados suas coleguinhas do grupo de bandeirantes para uma festa com bolo e sorvete. Janis, cabelo louro quase branco, olhos acinzentados, era uma garota linda, talvez a mais linda de todas, corada, robusta. Era quieta, retraída, disciplinada, atenta, inteligentíssima. Um amor de criança, talvez só um pouco tímida demais, mas enfim essa era uma das características de quem, como ela, tinha nascido sob o pesado signo de Capricórnio, a 19 de janeiro de 1943. Mas, para uma garota, especialmente para uma garota da classe média texana, ser reservada era, na verdade, uma atitude de ouro.

A sra. Joplin arrumou o grupo. Todas uniformizadas, sorrindo, Janis lá atrás, olhos baixos. E então, de repente, na hora de bater a foto, ela correu para a frente do grupo e fez uma reverência. É assim que a foto está, até hoje, na sala de estar da confortável casa de Seth e Dorothy Joplin, em Port Arthur, Texas: Janis sorrindo, zombeteira, na frente das colegas, ao mesmo tempo exigindo e gozando um lugar de destaque, um primeiro plano. "Esta foi a única vez que Janis fez algo excepcional em sua infância", a sra. Joplin recorda. "Ela era muito quieta e obediente e aplicada no colégio, sempre querendo se superar." Janis também se lembraria desses tempos: "Quando eu era garota tudo estava certo, tudo estava bem. E aí, de repente, tudo caiu".

A raiz do canto de Janis Joplin não está propriamente na música. Está nos *blues*, isto é, na vida. A raiz do canto *blues* é a vida. Para Janis, é Port Arthur, sua incrível mediocridade, o calor abafado dos dias de verão, o cheiro das refinarias de petróleo, o horizonte estreito de uma cidade média na qual todos, exceto os pretos e mestiços que desciam da Louisiana à procura de trabalho nas refinarias, eram da classe média, com renda média e interesses médios. "Em Port Arthur todos têm de ser iguais, pensar e fazer as mesmas coisas", lembra uma antiga colega de escola. "Você não pode ser diferente em Port Arthur, a cidade não toleraria isso!" Janis sentiu isso muito cedo. Não em casa: para uma família texana, até que os Joplins eram bem liberais. O sr. Joplin, funcionário médio da Texaco, era o que Janis chamou de "intelectual enrustido", um homem com interesses mais amplos, um liberal americano. A sra. Joplin era uma mulher enérgica, ativa, trabalhava fora como secretária-executiva. Os dois gostavam de conviver com os filhos, conversar com eles (Janis e mais dois irmãos mais moços, Laura e Michael). O choque foi entre Janis e Port Arthur.

Para Port Arthur, Janis começou a ficar incômoda. Primeiro porque, com a chegada da adolescência, ficou muito feia: espinhas, cabelos ásperos, gorda. Uma dama do sul tem de ser bonita, suave, quieta. Os colegas rejeitavam Janis porque ela era feia, e ela respondia com agressividade. Maus modos. Depois, Janis pensava. Pensava além do mundo estreito da cidade, além dos limites do bom comportamento que uma garota texana deve ter. Janis lia muito, lia de tudo:

política, arte, filosofia. Com doze anos ela teve a audácia de se dizer a favor da integração racial, em plena sala de aula. "A partir daí tinha sempre um grupo de garotos atrás dela vaiando e gritando que ela era amante dos crioulos", lembra uma antiga amiga. Com cerca de catorze anos, ela se perguntava com insistência por que não conseguia ser como suas colegas, por que não podia fazer o que os rapazes faziam, jogar sinuca, beber nos bares de Louisiana, tocar violão e cantar nas praias do rio Neches até de madrugada. Se era feia, mal-educada e estúpida, ela não tinha nada a perder. Não seria uma bela garota texana. Seria um dos rapazes.

"No começo a gente não queria saber dela. Depois a gente passou a achar engraçado o seu jeitão, os palavrões que dizia. Ela era barra-pesada até para nós. Depois, não chateava, a gente podia dizer e fazer qualquer coisa na frente dela que ela não ligava. Ela era um de nós. Ela era o bobo da corte", recorda Jim Langdon, um dos rapazes. Foi com o grupo de Langdon que Janis começou a se interessar por música. Antes ela expressava seus conflitos e suas dúvidas na pintura, e estava mesmo decidida a ser uma artista plástica. Mas os garotos ouviam música. Era o final da década de 1950: o *rock and roll* estava quase morto. Quem era "por dentro" ouvia *jazz* e música *folk*. Foi por aí que Janis começou seu aprendizado musical. O lado técnico, digamos assim.

"A gente escutava muito *jazz*, lá em Port Arthur. Um dia eu achei um disco de Odetta numa loja de lá. Eu comprei o disco e curti muito; tocava os discos em todas as festas que a gente ia. Odetta cantava canções folclóricas, tinha uma voz muito clara, sabe como é? E um dia um amigo me falou de Leadbelly, de como ele era um cara incrível na linha *country* dos *blues*, e eu me liguei em Leadbelly e saí procurando todos os discos dele. Em casa eu ficava ouvindo Odetta e Leadbelly, lendo muito sobre música e poesia, aprendendo aquelas canções, tentando imitar. Aí um dia a gente tinha ido curtir na praia — a gente ia para uma torre de vigia abandonada,

"Por que não relaxar e aproveitar, quando se sabe que no fim vai tudo acabar mesmo?"

levava cerveja e Coca-Cola e ficava lá, tocando e conversando, até o dia nascer — então a gente estava nessa torre, e eu estava meio "alta" e disse: Eu sei cantar. E os caras disseram: "Corta essa", Janis. Mas eu insisti, e comecei a cantar igualzinho a Odetta. Os caras vibraram".

Por enquanto, era só isso, um canto, uma habilidade, mais uma credencial para torná-la querida entre os rapazes. Ainda não eram os *blues*.

Os *blues* começam a partir de 1960. Janis se forma na High School e tenta uma carreira tranqüila como estudante de arte na Universidade de Lamar, em Beaumont, vizinha de Port Arthur. Tentou também um curso de secretariado na Universidade de Port Arthur. Mas já estava marcada. Continuava feia e sem modos elegantes. Continuava praguejando, bebendo muito e saindo em turmas de rapazes. Dizia-se que tinha dormido com todos os homens disponíveis de Port Arthur e Beaumont. E com algumas meninas também. Em parte era verdade. Era preciso tudo isso, mais correrias de carro pela madrugada, mais brigas nos bares infectos da fronteira, mais apostas de sinuca e as primeiras drogas a chegar ao Texas para encher a solidão de Janis, a emoção dispersa e estilhaçada em todos os sentidos. "Existem sempre os casais. Existe o casal Jack e Nova, Jim e Katty, mas só existe uma Janis." Ela dizia isso rindo, como aliás sempre riu de tudo, a vida toda.

Janis estava pronta para os *blues* e para a estrada, conseqüência e apostolado dos *blues*. Os dois vieram naturalmente. "Eu lia muito sobre *jazz* e *blues*, e sobre Leadbelly, e um nome que pintava sempre era o de Bessie Smith, diziam que ela era maravilhosa e tudo. Eu fiquei curiosa, comprei uns discos dela. E então, bam!, aquilo me atingiu. Como aquela mulher cantava, como ela *gritava* tudo aquilo que eu estava sentindo... Aí eu comecei a cantar imitando Bessie Smith. Copiava mesmo. Mas eu também não fazia força, eu não dizia a mim mesma: Agora vou cantar assim. Eu só era. Minha voz era. Quando abri a boca já saiu assim."

Para a estrada foram seus próprios pais que mandaram, sentindo que, se houvesse uma chance para Janis, ela estaria longe do clima sufocante de uma Port Arthur que cada vez a segregava mais. Com um dinheiro que tinham posto de parte, o sr. e a sra. Joplin mandaram Janis fazer um curso de verão em Los Angeles. Sua primeira moradia foi a casa de uma parenta. Mas logo ela se mudou para um apartamento próprio e, pouco depois, para um quartinho no miserável bairro de Venice, na North Beach, a região habitada pelos derradeiros *beatniks*. "Eu sabia que tinha de sair. E li uma coisa sobre Jack Kerouac[1] no *Time*, esse foi o único jeito que eu tive de saber sobre ele. Eu vi que tinha de ir embora. O que há em Port Arthur? Não há ninguém em Port Arthur. O Texas é um lugar legal para quem quer se estabelecer, viver bem quietinho. Não é um lugar para gente estranha como eu".

No entanto ela voltaria ainda três vezes a Port Arthur no decorrer dessa turbulenta fase de estrada que vai de 1961 a 1965. Cada vez que ela retornava, era para tentar se estabelecer e ser bem quietinha, esforços desesperados para

---

[1] Romancista norte-americano, autor de *On the road*, a primeira obra de fôlego a abordar a *beat generation*, a vida errante, na estrada.

exorcizar seus demônios particulares no ar úmido e tedioso de Port Arthur. Mas era impossível. Como seu irmão de sangue, Jimi Hendrix, Janis estava marcada.

Aprendeu a tomar bolinhas e a se aplicar drogas em Venice, aprendeu a ganhar a vida cantando *blues* em Austin. Usou heroína pela primeira vez em Nova York, traficou drogas pela primeira vez em São Francisco. O que estava procurando, perseguindo? "Eu queria ser uma pessoa comum, uma pessoa da rua, uma pessoa qualquer." Sua voz ia ficando densa, tensa, mais parecida e mais diferente da de Bessie Smith. Janis cantava os mesmos *blues*: "Se você não quer nada, se se conforma, você não sente dor, sofrimento. *Blues* é querer uma coisa que você não tem". Cantava esses e outros *blues*, os *blues* de sua geração, da década de 1960. "Nos anos de 1950 só o que importava era cantar bonitinho, certinho. Agora é diferente. Cantar os *blues* ficou como um desabafo, eu ali podendo gritar e dizer para as pessoas: Eu sofro, eu estou ferida, eu choro."

Da segunda vez que voltou a Port Arthur, Janis se recuperava de uma longa temporada de dependência de anfetaminas. Procurou ajuda psiquiátrica, precisava desesperadamente de aceitação e respeito. Inscreveu-se na Universidade do Texas, tentou trabalhar como garçonete. Na festa de conclusão do curso, recebeu um título: "O Homem Mais Feio do Campus". Sem se despedir de ninguém, foi para São Francisco repetir mais uma vez: Eu sofro, eu estou ferida, eu choro.

Os ares começavam a mudar em São Francisco, e Janis gostava disso. "Todo mundo era *freak*, lá. Ninguém ria de mim." Janis vivia em North Beach, dormindo na casa de uma e outra pessoa, ganhando dinheiro com empregos temporários e venda de drogas, ganhando cerveja nos botecos com seus *blues*. Quase não tinha o que comer, mas não fazia muita diferença para quem vivia encharcada de *speed*. "Você é um derrotado se não sabe transar a droga", recorda Chet Helms, amigo de Janis. "Janis foi derrotada desde o início."

Derrotada e trêmula Janis voltou mais uma vez a Port Arthur. Agora, ela dizia, era definitivo. Ia se casar, ela dizia a seus pais; seu noivo, um cara que ela conheceu em São Francisco, viria pedir a sua mão oficialmente. Janis abandonou os colares e os *blue jeans*, a bebida, prendeu os cabelos num coque. Começou a fazer psicoterapia e queria deixar de cantar. "Para Janis não havia meio termo. Ou ela era uma pessoa totalmente submissa ao comportamento de Port Arthur ou era uma selvagem", informa Bernard Giarritano, seu psicoterapeuta. "Eu queria mostrar a ela que cantar podia ser um bom meio de expressar sua criatividade, mas, para ela, cantar significava se envolver de novo com drogas. E ela me dizia que tinha medo de que as drogas a matassem."

O noivo de Janis nunca apareceu: mais tarde ela saberia que ele tinha fugido para o Canadá, onde aliás era contrabandista de entorpecentes. Quem veio a Port Arthur foi um outro tipo de emissário: Travis Rivers, um conhecido dos tempos de São Francisco. Ele vinha com um convite de Chet Helms: queria que Janis fosse cantar com uma banda recém-formada, a Big Brother and Holding Company. São Francisco mudara muito, dizia, e agora havia um novo tipo de música e de vida na cidade, que ia mudar o mundo todo. Aquela transação livre e alucinada de North Beach tomara conta de toda a cidade. Havia grupos eletrificados fazendo um som novo, um *blues* elétrico. E, Chet dizia, só Janis podia cantar essa nova música.

Algum tempo depois, ela diria que aceitou o convite de Chet e Travis porque: "eu não ia pra cama com ninguém havia mais de sete meses, e o Travis era ótimo, foi logo me agarrando". Mas esse parece ser só um lado da verdade. Porque Janis, a caminho de São Francisco, escreveu a uma amiga: "Estou indo para São Francisco, meu Deus, estou tão excitada! Vou cantar num grupo de *blues* elétrico de lá. Vou cantar mesmo, profissionalmente. Estou com muito medo, mas todos acham que eu devo ir. Me diga, não é maravilhoso?"

Janis, na infância em Port Arthur.

Travis podia ser incrível na cama — e isso decerto ajudou, pelos padrões difusos de Janis — mas na verdade ela só estava esperando esse convite para deixar o pêndulo oscilar mais uma vez para o outro lado. "Não há meio termo para Janis", dissera o dr. Giarritano. Ela havia fracassado mais uma vez na tentativa de ser uma bela, serena, sossegada garota do Texas. Seria selvagem de novo. Seus demônios a esperavam na estrada, nos *blues*, em São Francisco. Era a derradeira batalha.

"Por que me fazem pensar? Eu prefiro esquecer." Janis voltou à bebida, às anfetaminas e, pouco a pouco, à heroína. Tudo junto.

Conjurados os demônios, estava feita a mágica: o canto de Janis estourou São Francisco, estilhaçando o ar nas festas comunais dos parques, os *be-ins* do verão e do outono de 1966, os concertos livres dos primeiros *hippies*. "Era até demais", recorda Nick Gravenites, que depois tocou com a segunda formação do Big Brother. "O grupo não era nada profissional, era pura curtição, barulho. E Janis era só eletricidade, uma figura estranhíssima, toda vestida de tafetá, cheirando a patchuli, era demais até para São Francisco".

Se era demais para São Francisco, Janis só tinha de transbordar. Foi quando veio o Festival de Monterey. A primeira onda do movimento que seria conhecido como *hippie* estava se formando...

Janis foi uma decepção para os jovens músicos do Big Brother: Dave Getz, o baterista, James Gurley e Sam Andrew, guitarristas, e Peter Albin, baixista, esperavam uma menina linda, sexy, fluorescente, uma *rock star*. Janis, ao chegar em São Francisco no verão de 1966, ainda era a quase perfeita texana, só que desleixada e com um ar maluco. Mas quando começou a cantar tudo entrou em seus lugares. Tudo explodiu. "Eu 'explodi'. Eu cantava só *blues*, quase puro, sem acompanhamento, às vezes só com a minha gaita", diz Janis. "Quando eu senti aquele ritmo atrás de mim, e a eletricidade toda... cara, eu 'explodi'". "Antes de Janis nós vivíamos só curtindo, não sabíamos para onde nossa música ia. A gente fazia som espacial, sabe como é?", explicou Sam Andrew. "A gente queria duas cantoras para fazer um som parecido com o do Jefferson Airplane. Mas quando Janis chegou e começou a berrar, cantar, com aquele vozerio todo... a gente teve de mudar nossos planos. Janis foi nosso catalizador. Ela nos trouxe de volta à Terra."

Janis foi morar com o pessoal do Big Brother numa comunidade rural, em Laguanitas. Lá, ela aprendeu um novo código que podia fazê-la ser aceita e compreendida sem precisar ser uma boa texana: aprendeu a usar rendas, flores, correntes e a deixar o cabelo solto, a usar perfume de patchuli. Era assim que se vestiam e se portavam as garotas de São Francisco, as garotas da *flower revolution*. Janis achou fácil ser uma delas. Ela não seria só uma delas: seria a rainha de todas, usando tudo em excesso, explodindo em plumas e cores toda a sua alma cigana, forjada na estrada. Em Laguanitas, Janis aprendeu como ser aceita, mas não como ser amada. Como em Port Arthur, havia Sam e sua garota, Dave e sua garota, Pete e sua garota. E só Janis. Que transava com todos, é claro, ela era tão livre... Justamente, ela era livre demais, ou melhor, sozinha. Para enfrentar seu primeiro demônio, Janis sucumbiu ao segundo: as drogas. Não as psicodélicas, que embalavam as crianças das flores. "Essas drogas aí eu não gosto", ela dizia, diluindo. As associações espontâneas de curtidores começavam a querer se profissionalizar — inclusive o Big Brother, que já havia gravado um disco para um selo obscuro de Chicago. A maioria silenciosa da América voltava os olhos para aquilo, aquele barulho colorido que tinha sido feito de seus mais belos e promissores filhos. E o sistema começava a pensar num jeito de capitalizar aquela energia formidável.

Foi para descobrir novos talentos que o empresário Albert Grossman, o *big boss* de Nova York, o *manager* de Bob Dylan, foi a Monterey. Apesar do apocalipse do The Who, apesar do fogo de Hendrix, ele não se deixara impressionar até a tarde do último dia. Foi quando o Big Brother entrou em cena, um bando de *freaks* atrapalhados com aquele excesso de tecnologia espalhado pelo palco. Foi quando entrou Janis, vestida de lamê, sapatos de salto fino, dourados, cabelos ao vento, uma rainha cigana do século XX. Janis agarrou o microfone, bateu os pés, gemeu, gritou, girou os quadris, sacudiu a cabeça e incendiou o ar. Grossman viu o que estava por vir: a primeira encarnação feminina do delírio coletivo de uma geração. A primeira pessoa a incorporar definitivamente os *blues* ao universo dos anos de 1960.

"Se você quiser continuar curtindo aqui por São Francisco, você fica na sua e continua com um empresário qualquer, só para vender *shows*", lhe dissera Linda Gravenites, que morava com Janis nessa época. "Mas se você quiser ser uma estrela internacional, você assina com Albert Grossman." Apesar de dizer sempre que não, Janis queria ser uma estrela internacional. Era um bom substituto para o amor, de mais nada. Era ser paga, adulada, mimada e adorada pelo fato de subir num palco e, como ela dizia, "fazer amor com duas mil pessoas ao mesmo tempo". Satisfação garantida. Janis ficou com Albert Grossman.

Na verdade, era só Janis que Grossman queria. A banda, ele lhe dissera, estava atrapalhando a ascensão de sua carreira. De fato, os inocentes membros do Big Brother ficaram atrapalhados e intimidados com a parafernália do estúdio, durante a gravação do primeiro álbum realmente profissional, na CBS (o outro tinha sido feito em condições mais do que precárias e amadoras). Está patente no acetato: a estrela de *Cheap Thrills* é Janis. Janis e seu *blue* elétrico, *Summertime*, *Ball and Chain*, revistos e ampliados pelo mesmo sopro de liberação e desespero que inflamava a guitarra de Hendrix.

O sucesso absoluto do disco comprovou as teorias de Grossman. Com um pouco mais de insistência ele obteve o que queria: ao mesmo tempo em que *Cheap Thrills* recebia o

"Comigo, profissão e vida íntima se misturam um pouco, por isso procuro meu real, ser simplesmente Janis, já que o sentimento é a base das minhas canções."

disco de Ouro, Janis se separava do Big Brother. "Acho que nunca mais vou encontrar um grupo tão bom", ela diria, quase dois anos depois. "Eu ainda gosto muito deles, como sempre gostei. Acho que não foi culpa de ninguém. Aconteceu. A gente vivia numa atividade contínua desde que a gente 'explodiu'. Isso é muito desgastante. Chegou uma hora em que não havia mais sinceridade no que eu cantava."

Durante um ano, entre a saída de *Cheap Thrills* e o lançamento de *Kozmic Blues*, Janis galgou resoluta e fulminantemente o posto de estrela absoluta do *rock* americano. Só do *rock*, não. De toda a América. As tevês queriam entrevistá-la, revistas chiques como *Vogue* e *Harper's Bazzar* proclamavam Janis "a beleza de agora". Até a compenetrada *Newsweek* abriu suas páginas para a nova sensação, a louca, rouca, cigana, estrela da América. E não só da América. Com uma breve temporada em Londres, ainda testando sua primeira banda de apoio, ela conquistou o coração, a mente e o corpo dos europeus. Com seus discos, ela conquistou o mundo. Estava feliz? "Jesus, eu acho que devo estar feliz com essa badalação toda", ela escreveu à amiga Linda Gravenites, de Nova York, "Acho mesmo que estou um pouquinho feliz. Por favor, não se grile de eu ficar assim contando vantagem sobre minhas entrevistas e tudo o mais. É a única satisfação que eu realmente tenho".

Provavelmente era. Janis continuava só e desesperada como a adolescente de Port Arthur. Baratinada e tonta como a *freak* de North Beach. Só que assumia integralmente seu posto de estrela, satisfação única. Caprichava nas roupas, nos enfeites. Caprichava nas respostas das entrevistas, cada vez mais violentas e repletas de palavrões. Comprou um Porsche e mandou pintá-lo com todas as cores e formas do arco-íris. E se entregava a cada *performance* como se fosse a última. O que queriam dela, essas crianças perdidas do *rock*? Que ela fosse uma mãe doida, colorida, armada de plumas e Southern Comfort? Ela seria isso e muito mais: rasgaria sua alma com todos os gritos desesperados e gemidos sensuais que costumam habitar os sonhos dos adolescentes.

O ano de 1969 foi trabalhoso para Janis. Mas não foi um bom ano. A banda que ela conseguira reunir após muitas marchas e contramarchas, e que ela chamaria de Kozmic Blues Band[2], mostrou-se ineficiente em disco e no palco. Janis queria um grupo "bem *soul*, bem puxado a Motown, com aqueles metais lá no alto, me empurrando". Mas eram justamente os metais que atrapalhavam, embolando com sua voz e ocultando seu brilho áspero. Janis recebeu um aplauso frio no Fillmore East e um princípio de vaia no *show* da Convenção da Stax/Volt[3] em Memphis. Janis estava tensa,

---

[2] A primeira formação da banda dos Kozmic Blues era Terry Clements, sax; Richard Kemode, órgão; Sam Andrew, guitarra; Roy Markowitz, bateria; Terry Hensley, trumpete; e Keith Cherry, baixo. Mais ou menos oito meses após, esta formação mudou para Lonnie Castille e depois Mury Baker na bateria, John Till na guitarra, Luiz Gasca no trumpete, e Snooky Flowers no sax.

[3] Etiqueta sediada em Memphis, especializada em música negra, *soul*, *rhythm and blues* e *gospel*. Rival comercial da Motown.

angustiada e preocupada: estaria indo por água abaixo até sua única fonte de satisfação? Um repórter da *Rolling Stone* chegou a detectar: "Tem-se a impressão de que o mundo de Janis está assentado sobre uma base extremamente frágil e instável, e que ela depende exclusivamente do que acontece no campo musical, sem ter estrutura para enfrentar a máquina do sucesso".

Ele estava mais do que certo. No final de 1969, Janis está um zumbi, tensa, acabada. Desfaz a Kozmic Blues num acesso de raiva. Bebe acima de qualquer expectativa, mas os amigos acham isso bom porque, eles pensam, enquanto bebe ela está longe das drogas. Engano. Mais ou menos desde o lançamento de *Cheap Thrills*, Janis está inexoravelmente viciada em heroína. E continua só. Divide sempre sua confortável casa de Larspur com alguma garota e um bando de amigos, parasitas, sanguessugas. Desce e sobe a Sunset Strip apanhando garotos que nunca se negam a transar com a mais reluzente estrela do *rock* de todo o mundo. Mas está só. Às vezes desabafa: "Por que nenhum homem de quem eu goste gosta de mim? É por isso que eu canto *blues*. Porque os *blues* são a eterna canção da mulher sozinha, iludida, enganada, esperando..." Um amigo lhe diz que talvez sua iniciativa agressiva é que espante os homens. Mas isso ela não pode aceitar. Ela deixou de jogar esse jogo há muito tempo.

Em janeiro de 1970 ela pede ajuda médica e decide abandonar o vício. Começa um tratamento com methadona, droga inofensiva que substitui a heroína no período da transição. E vem ao Brasil em fevereiro: "eu queria ir a um lugar longe, onde tivesse sol e eu pudesse me esquecer de tudo. Porque foi uma 'barra' muito 'pesada'. Eu era só uma garota que cantava com um bando de amigos. E de repente virei... sei lá... uma estrela cheia de responsabilidades, tendo de selecionar músicos, fazer arranjos, essas coisas. Acho que não sei ser uma grande artista. Só sei curtir. Mas eu nem consegui descansar no Brasil. Eu ficava na praia só pensando em

Na adolescência, Janis tinha preferência por músicos de origem folclórica.

música, em arranjos, com a cabeça cheia disso. Desconfio que não dá pra deixar de pensar em música. Ela já está dentro de mim".

Tudo já estava dentro dela. Pouco depois ela diria: "Como posso falar do meu canto, se estou dentro dele!" Tudo já era uma só coisa, Janis se alimentando de seu próprio sofrimento, de sua angústia, dos *blues*, num perpétuo *feedback*. Em algum lugar o círculo tinha de se romper, mas ninguém podia saber bem onde, quando e como.

De volta do Brasil, tudo parecia ir bem com Janis. Mais experiente, ela conseguiu reunir uma boa banda de apoio, a Full Tilt Boogie Band[4]. Estava entusiasmada como nos tempos do Big Brother: "Eles são quase todos canadenses, eu os roubei de Ronnie Hawkins[5]. Eles são ótimos. Me dão o que eu preciso, que é o ritmo, lá embaixo, é o ritmo que eu preciso, o solo já sou eu mesma". Com a Full Tit ela fez quase uma turnê inteira na América, e atravessou o Canadá de costa a costa, num trem, alegre e despreocupada como um passarinho. Estava livre das drogas pesadas, ela dizia. E estava pensando até em casar: " Tudo o que uma garota precisa é um homem, *baby*, um bom homem que a ame sempre e a proteja de todo o mal". Não há meio termo para Janis. Ou todos os homens ou um, o absoluto, que evidentemente não existia, mas para ela bastava o sonho.

Em julho começou a gravar um álbum novo. Trabalhava com afinco, diminui a quantidade da bebida. Sua voz estava melhor, ela dizia, mais solta. De fato estava. Na fase dos Kozmic Blues ("tem de ser escrito com z, é uma piada. É doloroso demais pra ser levado a sério") Janis parecia estar

---

[4] A Full Tilt era: John Till, guitarra; Ken Pearson, órgão; Richard Bell, piano; Brad Campbell, baixo; Clark Pierson, bateria.

[5] Guitarrista e líder do grupo The Band, que acompanbava Bob Dylan.

caricaturando a si mesma, parodiando mecanicamente seus notáveis recursos vocais. Agora, mais segura, ela domava as emoções com a garganta, extraindo um som quase puro, se não fosse tão carnal, tão visceral. Todos no estúdio estavam emocionados, os músicos principalmente. Mas havia preocupação nos escritórios de Albert Grossman: parecia que Janis tinha mesmo abandonado o tratamento médico. E, pior ainda, alguns antigos amigos de São Francisco andavam rondando o Motel Landmark, onde Janis ficava nos intervalos das gravações. Em pouco tempo as suspeitas de que ela voltara à heroína se confirmariam. Um pouco tarde demais.

Em setembro Janis se preparava para dois grandes acontecimentos — o lançamento de seu terceiro álbum e o seu casamento com Seth Morgan, um jovem executivo rico de Los Angeles — quando recebeu a notícia da morte de Jimi Hendrix. Primeiro ficou deprimida: Não vou dizer que fiquei espantada. Não fiquei. Eu conhecia Jimi. Mas por que ele? E por que antes de mim?" Depois, nervosamente animada: "A morte de Jimi diminui bastante a probabilidades de eu morrer cedo também". E, afinal, meditava, um pouco arrogante: "Só eu cuido da minha vida. O que eu faço só interessa a mim. Mas acho que o público gosta de ver seus ídolos sofrendo. Especialmente cantores de *blues*. Eles ficam assim: Oh, Billie Holliday é *junkie*, veja só, morreu, ooooh! Eu digo que não vou dar esse gosto a ninguém. Estou aqui pra me divertir e vou fazer o possível para curtir a vida ao máximo".

Na primeira semana de outubro Janis assinou seu testamento. Nada extraordinário, ela já havia feito um outro antes, em 1968. Esse era o mesmo, só que com algumas modificações. No mesmo dia 2, uma sexta-feira, ela deu entrada nos papéis de casamento. Passou todo o sábado gravando os últimos *takes* do álbum, e voltou para o hotel perto da meia-noite. Subiu para o quarto, trocou de roupa, pôs um quimono longo, laranja, cheio de plumas, e demorou um pouco até descer para comprar um maço de cigarros. O troco e o maço

“Jamais cantei em Las Vegas e tampouco sou uma estrela.”

ainda estavam na sua mão quando a encontraram no começo da tarde de domingo, 4 de outubro. Tinha o nariz quebrado e o lábio superior cortado, provavelmente na queda. Morreu pouco depois de voltar ao quarto. Morrera de tudo: uma dose regular de uma heroína puríssima, misturada a muitos anos de alcoolismo, muitos e muitos gramas de barbitúricos e anfetaminas. E algumas substâncias mais sutis como solidão, desespero, um tanto de masoquismo, um tanto de revolta, uma gota de loucura, os *blues* cósmicos. Era certo que ela não queria morrer, não naquela hora, em que esperava um disco ótimo, em que pensava que ia acertar sua vida, em que estava cantando com o melhor grupo que já ouvira. Mas a vida sempre pregou peças em Janis Joplin.

Em agosto Janis e a Full Tilt fizeram uma estréia memorável em Nova York, com tumultos na platéia e todo o cortejo pomposo de imprensa, *groupies*, assistentes e aparelhagem que já eram de praxe na nova era superindustrializada do *rock*. Pouco depois, ela fez algo inesperado: voltou a Port Athur. Queria estar presente nos dez anos de formatura da High School, dizia. Ela não havia sido convidada para a formatura, mas agora queriam sua presença na festa. E ela iria. Como vingança e para conferir a velha ferida. Port Arthur não mudara, apesar das aparências. “Eles chamavam Janis de porca, antigamente”, disse uma colega, “e continuam chamando, agora. Só que baixinho”.

Conforme seu pedido, seu corpo foi cremado e as cinzas espalhadas na costa da Califórnia. Dela ficou a voz, o grito, perpetuado em seu famoso terceiro álbum, transformado em testamento vivo, documento, herança. E nas antologias, e nos filmes e fotos, a lembrança de uma figura trágica, mágica, colorida, doida, curtida, arrasada, carne frágil para suportar tão intenso papel, a Grande Mãe do *rock*. Ficou, também um sonho, um vago sonho como os que eram sonhados há muito tempo atrás: "Sabe o que eu mais quero? O que eu nem agüento esperar? Quero ver daqui a uns cinco anos. Porque eu comecei da música rudimentar, mas os garotos hoje têm uma base incrível, têm a liberdade completa que o *rock* tem, que o *rock* conseguiu. Eles cresceram ouvindo Jefferson Airplane, Grateful Dead, Miles Davis, todo mundo, oooooh! Mal posso esperar para ver o que essa garotada vai estar tocando daqui a cinco anos. Só espero estar por lá nessa época. Quero cantar com eles. Ou pelo menos ter grana para ir vê-los tocar". Foi sua última entrevista, em setembro de 1970.

Janis queria apenas ser uma cantora de *blues*.

JANIS JOPLIN
Perfil Biográfico

"*Blues* é querer uma coisa que você não tem."

Gritando e gemendo o *blues* com uma demonstração de autêntica sensualidade e emotividade associadas apenas a cantores negros de *blues*, Janis Joplin converteu milhões de entusiastas de classe média pelo *rock*, ao *soul* de olhos azuis que ela interpretava. Janis surgiu no cenário nacional americano da música em junho de 1967, no primeiro Festival Internacional Pop de Monterey, quando surpreendeu a todos com a força da interpretação conferida ao clássico do *blues, Love is Like a Ball on Chain*, composto por "Big Mama" Willie Mae Thornton, número que se tornou o *tour de force* da cantora. Naquela época ela era vocalista principal e rouca de um grupo de *acid rock* de São Francisco, chamado Big Brother and the Holding Company, mas desde então apresenta-se sozinha, acompanhada por um conjunto formado por músicos mais habilidosos, porém mais reprimidos, que ela chama de *Main Squeeze*.

Quando se apresenta, Janis Joplin move-se constantemente, o longo cabelo despenteado, o corpo amplo forçando os tecidos colantes que o envolvem enquanto ela geme, sussurra e grita suas canções numa voz rouca e áspera. Parecendo possuir o poder de transmitir seu próprio estado de êxtase para a platéia enquanto canta, Janis Joplin é a única cantora de *rock* que consegue o mesmo tipo de adoração frenética de grupos de rapazes, como os *Beatles* ou os *Rolling Stones*.

A "Vespa alienada", como a *Newsweek* a chamou certa ocasião, nasceu no ano de 1943, em Port Arthur, no Texas, uma cidadezinha surgida em volta de uma refinaria de petróleo no Golfo do México. Seu pai era superintendente-assistente da Texaco Canning Company e sua mãe era escrivã de uma instituição financeira. Tinha ainda um irmão e uma irmã, ambos mais moços do que ela. Por volta dos catorze anos de idade, Janis era uma rebelde, discutindo com a família, isolada das colegas de escola e abafada pelo que ela considerava uma atmosfera conservadora e típica de cidade pequena, em Port Arthur. Segundo ela, um lugar onde os divertimentos principais eram os cinemas *drive-in*, máquinas de Coca-Cola nas esquinas, e queimar cruzes nos jardins de gente negra. "As pessoas de Port Arthur pensavam que eu era *beatnik*, e eles não gostavam de *beatniks*, mesmo que nunca tivessem visto um...", disse a cantora a Michael Lydon numa entrevista para o *Time Magazine* de Nova York (23 de fevereiro de 1969). "Eu lia, pintava, pensava, não odiava negros. Não havia ninguém como eu em Port Arthur. Era solitário demais por lá, com aqueles sentimentos todos aparecendo dentro de mim, sem ninguém para conversar. Eu era apenas a maluca da Janis. Cara, aquelas pessoas me machucaram de verdade. Fico feliz em saber agora que consegui vencer e eles continuam por lá, 'encanadores' como sempre."

Aos dezessete anos, ela fugiu de casa. "Vendi tudo o que consegui pegar para vender, incluindo todos os presentes de Natal que minha mãe me deu... eu era uma péssima filha... e fui para Houston", contou Janis a Beatrice Berg do *Washington Post* (14 de abril de 1969). "Desisti de tudo em um mês, e acabei voltando para Port Arthur."

Depois de completar um curso de administração, ela partiu novamente, dessa vez com a bênção paterna. Foi para Los Angeles. "Nunca tinha visto um sujeito de barba antes de chegar à California", declarou ela à srta. Berg. "Eu costumava achar que era a única no mundo que pensava da minha maneira. Foi uma revelação descobrir que existia gente como eu!"

Pelos cinco anos seguintes ela perambulou, freqüentando por algum tempo a Universidade do Texas, em Austin, e duas ou três outras faculdades, viajando de carona até Nova York e elegendo São Francisco como sua cidade-base. Com alguns empregos como digitadora de cartões, alternados com recebimento do seguro-desemprego, ela conseguiu manter-se. Há anos estava interessada em *blues*, colecionara os discos de Huddie "Leadbelly" Ledbetter, e de Bessie Smith. Certa noite, numa festa, fez uma imitação cheia de *soul* da cantora folclórica Odetta. "Eu nunca cantara antes, e saiu aquele vozeirão", lembrou ela mais tarde. Depois, cantou num barzinho nos arredores de Austin, e nos clubes *folk* e bares de North Beach e Venice (Los Angeles).

Em 1965 ela bateu em retirada para Port Arthur, impulsionada por pouca alimentação, muitas drogas e um romance rompido. Durante um ano morou com os pais, estudando com afinco no Lamar State College of Technology, na cidade vizinha de Beaumont, e tentando inutilmente transformar-se numa típica garota texana. Mas o chamado da comunidade *hippie* que aparecia em São Francisco com seu novo *rock* falou mais alto. Um velho amigo do Texas, Travis Rivers, formara em Frisco um conjunto chamado Big Brother and The Holding Company, e achava que Janis seria a vocalista ideal para eles. Mandou um recado para ela, e em pouco tempo ela deixou-se persuadir a sair de Port Arthur para o Haight-Ashbury.

Janis Joplin e o Big Brother and the Holding Company fizeram sua estréia no salão psicodélico Avalon, em junho de

1966. "Foi a época mais emocionante da minha vida", recordou ela, depois, para Michael Lidon, numa entrevista do *Times*. "Quero dizer, nunca tinha visto uma festa de *hippies* antes, cara, e de repente eu estava lá, no meio de uma. Não acreditei em todo aquele ritmo e todo aquele 'gás'. Fiquei 'pirada' só de sentir aquela sensação, como se fosse a melhor droga do mundo. Era tão sensual, tão vibrante, alto, maluco! Não consegui ficar parada; eu nunca tinha dançado enquanto cantava... mas comecei a me mexer e pular. Não conseguia me ouvir, por isso cantava mais e mais alto, quando chegou no fim eu estava maluca." Logo se espalharam as novidades sobre a cantora fantástica do Big Brother, e todos os *hippies* de São Francisco foram ver o grupo no Avalon, onde se apresentava regularmente.

Durante cerca de um ano, Janis Joplin pertenceu unicamente a São Francisco, até a apresentação no Monterey International Pop Festival, em junho de 1967, realizado em Monterey, na Califórnia, onde ela parou o *show* cantando *Love is Like a Ball on Chain*, ou melhor, "arrancando a canção de alguma parte profunda e escura de sua alma texana", nas palavras de um crítico. (A interpretação dela pode ser vista no filme de D. A. Pennebaker, *Monterey Pop*, lançado em 1968.) A apresentação atraiu para Janis as atenções da imprensa em todo o país, e ela e o Big Brother começaram a fazer *shows* no circuito do *rock*, em casas como o Electric Factory, na Filadélfia, o Psychodelic Supermarket, em Chicago, e o Whisky-A-Go-Go, em Los Angeles. Em fevereiro de 1968 fizeram sua estréia em Nova York, no Andersen Theater, localizado na Segunda Avenida, perto do St. Mark's Place. Depois de ouvir a apresentação, Robert Shelton do *New York Times* (19 de fevereiro de 1968) afirmou de Janis Joplin: "um talento novo na *pop music*, tão bom como há anos não temos oportunidade de assistir".

Pouco depois de triunfar novamente no Newport Folk Festival em julho de 1968, Janis Joplin e o Big Brother lan-

"Eu acho que sou exatamente como uma tartaruga, escondendo-se sob seu áspero casco; mas, você sabe, eu me protejo muito bem. Eu conheço essa maldita vida bem demais."

çaram um LP pela Columbia, sardonicamente intitulado *Cheap Thrills* (Impactos Baratos). O disco conseguiu o raro feito de ser um bom negócio garantido para a Gold Record (por ter vendido pelo menos um milhão de cópias antes do lançamento, somente com reservas de encomendas). Foi a primeira gravação que mostrou bem a voz da cantora; um disco anterior havia sido lançado pela Mainstream Records na primavera de 1968, porém fora mal produzido, e Janis comentara na época: "um dos piores discos que já ouvi". *Cheap Thrills* apresentava versões de *Ball on Chain e Piece my Heart* (também lançada em compacto simples), gravadas ao vivo no Fillmore Auditorium de Bill Graham, em São Francisco. Outras músicas, incluindo *I Need a Man to Love* e o *Turtle Blues,* da própria Joplin, foram gravadas em estúdio. A respeito deste disco, Steven Lowe, da revista *High Fidelity* (novembro de 1968), escreveu que Janis Joplin era a "cantora mais excitante e abertamente sexy que o *rock* já produziu". Ele continua: "Ela possui o mesmo tipo de feminilidade — impura e intensamente real — que Billie Holiday possuía, e que muitas vocalistas brancas tentaram imitar sem conseguir".

Embora elogiasse a cantora, Lowe escreveu que o resto do Big Brother and the Holding Company "oferece pouca coisa de original... eles têm o mesmo som que vários outros conjuntos de São Francisco". A opinião do crítico era partilhada por muitos outros, pois as pessoas não deixaram de reparar que o Big Brother só fez sucesso depois que Janis Joplin entrou para o grupo. Não foi surpresa o início dos atritos entre a vocalista principal e os outros, e no outono de 1968 ela decidiu tentar a carreira por conta própria, procurando músicos que ficassem contentes em permanecer em segundo plano. No final de dezembro, ela fez sua estréia com o novo grupo em Memphis, no Tennessee. A repercussão não foi muito positiva, mas depois de dois meses de trabalho e algumas alterações entre os músicos do conjunto, ela sentiu-se pronta para uma excursão em nível nacional, que começou nas noites de 13 e 14 de fevereiro de 1969, no Fillmore East de Bill Graham, no East Village, em Nova York. Seu novo grupo consistia de um remanescente do Big Brother, Sam Andrews, que tocava guitarra solo, e cinco novos músicos: um contrabaixista, um organista, um baterista e dois metais, um trompetista e um saxofonista tenor. A maior parte dos críticos adorou Joplin como sempre, embora houvesse um certo desapontamento pelo fato de não apresentarem material novo ou assumirem uma abordagem mais experimental. As reservas quanto ao novo grupo que a acompanhava foram pronunciadas. Alguns críticos consideraram que os membros do conjunto tiveram pouco tempo para ensaiar, enquanto outros resolviam que, afinal de contas, Janis parecia precisar do som "maluco" do Big Brother e nunca acertaria com seu grupo atual, mais disciplinado e menos compreensivo.

No fim de sua excursão pelos Estados Unidos, Janis Joplin apresentou-se em Londres, Paris e outras cidades européias. No fim do ano, ela e seu grupo pareciam ter vencido a maior parte das dificuldades. A 19 de dezembro de 1969 apresentaram-se no Madison Square Garden quase lotado, em Nova York. Mike Jahn escreveu no dia seguinte, no *New York Times*: "Os músicos da srta. Joplin forneceram um espetáculo espontâneo e poderoso de blues com metais e *rock*, ao qual ela se entregou de uma forma excitante". Em outubro de 1969 fora lançado pela Columbia o LP *I Got Dem Ol' Kozmic Blues Again Mama*, seu primeiro disco com o grupo. As faixas mais apreciadas eram: *Maybe*, *Work me Lord*, *Little Girl Blue*, *One Good Man*, *Try*, e *Kozmic Blues*.

Um escritor da revista *Cashbox* descrevera certa vez Janis Joplin como: "uma espécie de mistura de Leadbelly, um motor a vapor, Calamity Jane, Bessie Smith, uma torre de perfuração e uísque de "rasgar o bucho", destilado no século XX em algum lugar entre El Paso e São Francisco". Ela descrevera a experiência de cantar no palco como semelhante ao sexo. Numa entrevista concedida a Hubert Saal da *Newsweek* (24 de fevereiro de 1969), ela explicava: "Tudo é sentimento... como sexo, só que mais abrangente. É uma mistura de amor, desejo e calor; aquela coisa em nossos corpos que todos nós "sacamos"... Quando estou cantando não penso. Só fico ali, com os olhos fechados, sentindo, me sentindo bem..." Por outro lado, ela expressara um desejo de controlar mais e trazer mais sutileza à sua arte, "acostumando a ser qualquer coisa", disse ela a Saal. "Agora o que eu realmente quero é a coisa certa. Estou apenas começando a aprender meu ofício." Muitos de seus ouvintes temiam que ela nunca atingisse tal objetivo, por causa do terrível castigo que impunha às cordas vocais. Entretanto, Janis Joplin sustenta que sua apresentação decaía quando ela tantava poupar a voz. "Talvez eu não dure tanto quanto outras cantoras, mas acho que posso destruir o agora se ficar me preocupando com o amanhã", declarou ela a Nat Hentoff (*New York Times*, 21 de abril de 1968).

De altura média, Janis Joplin possuía uma figura bem proporcionada. Nas conversas, seu rosto cheio irrompia em largos sorrisos, mas no palco sempre se apresentava distorcido pela emoção da música e parcialmente oculto pelo longo cabelo castanho claro. Seu vestuário inclui um sortimento de peles antigas, laços, calças boca-de-sino, chapéus achatados,

"Minha música é sobre o sofrimento, sua vigência. Sua presença."

contas, guizos e pulseiras. Um de seus objetos favoritos era uma capa negra de veludo bordada com lantejoulas, colocada em seus ombros ao final de uma apresentação por um admirador anônimo. Em São Francisco, ela dirigia um Porsche que um amigo pintara com signos astrológicos, mais uma bandeira americana ensangüentada, e morava num apartamento de quatro quartos no bairro de Mission, com uma companheira chamada Linda. As duas decoraram o apartamento com cartazes, tapetes orientais, desenhos, fotografias e objetos da era vitoriana. O quarto de Janis, forrado com dosséis indianos, recendia a incenso, e a atmosfera, conferida pelas luzes roxas, era a de um bordel romântico, segundo um entrevistador. O apartamento também abrigava Charley, um peixe siamês de briga que morava numa garrafa de vinho, e George, seu cachorro.

Embora ela seja encarada como a "rainha dos *hippies*", Janis Joplin definia a si mesma como *beatnik*. Ela explica que, enquanto os *hippies* são otimistas, "os *beatniks* acreditam que as coisas não vão melhorar e mandam tudo para o diabo, ficam pirados e se divertem". Prefere retirar seu alívio do uísque Southern Comfort, que bebe tanto no palco quanto fora dele. (A companhia que fabrica Southern Comfort deu a ela um casaco de peles em reconhecimento pela propaganda grátis que ela fazia.) Em novembro de 1969 ela foi presa após uma apresentação em Tampa, na Flórida, por ter gritado obcenidades a um policial no meio do *show*, pois seu linguajar era sempre irreverente.

Hubert Saal chamava essa vulgaridade de "uma coloração protetora", e a maior parte dos que a entrevistaram apontaram a vulnerabilidade que havia logo abaixo da superfície. Nas entrevistas com Nat Hentoff para o *New York Times*, ela admitiu o papel desempenhado pela carreira no sentido de manter afastadas suas " 'fossas' super-horríveis": "Nunca fui capaz de controlar meus sentimentos, mantê-los lá dentro... Antes... isso estragava a minha vida... sempre fui uma vítima de mim mesma. Eu fazia coisas erradas, fugia, ficava maluca. Agora faço esse sentimento trabalhar para mim, através da música, em vez de me destruir".

À 1h40 da madrugada do dia 4 de outubro de 1970, Janis Joplin morre, sozinha em seu quarto do Landmark Hotel, vítima de uma *overdose* de álcool combinado com heroína.

Janis Joplin, no Hotel Chelsea, 1970.

JANIS JOPLIN

Cronologia

O tempo de Janis Joplin

1943 — *19 de janeiro*, 9h45 da manhã: nascia Janis Lyn Joplin, filha de Seth e Dorothy Joplin, no hospital St. Mary, em Port Arthur, no Texas.

1950 — Entra nos Bluebirds.

1958 — Lê sobre Kerovak e os Beats, na revista *Time*.

1960 — *Junho* — Forma-se pelo Colégio Thomas Jefferson. Matricula-se na escola Lamar State College of Technology, na cidade próxima de Beaumont.

Verão — Freqüenta a Lamar Tech College. Visita Houston, onde vai aos cafés folclóricos.

Vai para Los Angeles, trabalha como perfuradora de cartões e freqüenta os pontos de encontro em Venice, Califórnia. Envolve-se com o ambiente *beatnik* local.

Outono — Retorna a Port Arthur com um casaco de pele de carneiro, "para difundir a palavra".

1961 — *Véspera de ano-novo* — Realiza a primeira apresentação em público no Halfway House, em Beaumont.

1962 — *Janeiro* — Começa a cantar no Purple Onion, em Houston. Grava um comercial cantando *This Bank Is Your Bank*, para um banco em Nacogdoches. Freqüenta aulas na Lamar Tech.

Verão — Garçonete num boliche. Freqüenta os bares da Louisiana, do outro lado do rio. Viaja com Jack Smith para Austin e muda-se para uma casa de quartos *folk/beat*, conhecida como "o Ghetto". Matricula-se no *Fine Arts Program* da Universidade do Texas, em Austin. Canta, acompanhando a si mesma com uma *autoharp*, um instrumento musical semelhante à cítara, e participando de um conjunto de *bluegrass*, o Waller Creek Boys (Powell St. John na gaita e Larry Wiggins no contrabaixo), tocando no *Union Building* nas tardes de domingo, e no *Treadgill's & Grill*, um posto de gasolina reformado, nas noites de quarta-feira. O repertório consistia em Leadbelly, Bessie Smith, Jean Ritchie, Rosie Maddox, e *bluegrass*.

Outono — Trafica maconha no campus da universidade, experimenta peiote e toma doses maciças de Seconal. Foi eleita o "Homem Mais Feio do Campus". Um velho conhecido de Austin, Chet Helms, volta de São Francisco e lhe conta sobre a situação pós-*beat*.

1963 — *23 de janeiro* — Vai para São Francisco com Chet. Dois dias mais tarde está cantando nos cafés de North Beach, São Francisco) passando o chapéu e ganhando cervejas. Freqüentemente cantava sem acompanhamento instrumental no Coffee Confusion e no Coffee Gallery, apenas ocasionalmente acompanhada por Jorma Kaukonen (futuro guitarrista do grupo Jefferson Airplane). Cantava os *blues* de Bessie Smith e Ma Rainey com os cantores folclóricos Roger Perkins e Larry Hanks. Anda com David Crosby e Nick

Gravenites. Ganha a vida passando o chapéu, com empregos temporários e seguro-desemprego. Começa a beber bastante, tomando também anfetaminas. Conhece Peter Albin, futuro contrabaixista do Big Brother (naquela época ele tocava com J. P. Pickens num grupo de *bluegrass* "progressivo"), e Jim Gurley, o guitarrista solo do Big Brother, no Coffee Gallery, onde todos se apresentavam em base semiconstante.

Primavera — Peter Albin e seu irmão Rodney formam seu primeiro conjunto, o "Liberty Hill Aristocrats", cuja estréia foi no Festival Folclórico de São Francisco.

Verão — Janis canta no Monterey Folk Festival, envolve-se num acidente motociclístico, apanha numa briga de rua e é presa por furtar em lojas.

Outono — Retorna a São Francisco, apresenta-se no programa *Midnight Special* da rádio KPFA.

1964 — *Verão* — Passa a morar em Nova York, no Lower East Side.

Começa a ler Hesse e Nietzsche, joga bilhar (toma tranqüilizantes) e canta ocasionalmente no Slug's.

1965 — *Maio* — Tenta (sem sucesso) internar-se no Hospital Geral de São Francisco.

Junho — Retorna arrependida e aparentemente bem-comportada para Port Arthur. Matricula-se em Sociologia na Lamar State College of Technology.

Outono — Canta no Eleventh Door, em Austin.

Enquanto isso, em São Francisco, Peter Albin e Jim "Esquisito" Gurley começam a montar um conjunto chamado Blue Yard Hill, no número 1.090 da rua Page. Começam a tocar em festinhas realizadas nos porões com o mais novo membro Sam Andrews, um estudante do San Francisco State. Peter, Rodney, Chuck Jones (o primeiro baterista do Big Brother) e Chet Helms do Family Dog estão morando todos juntos numa enorme casa em estilo vitoriano, anterior-

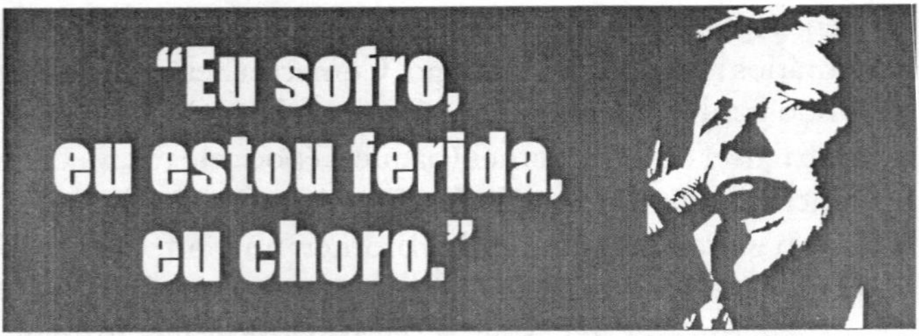

mente uma pensão irlandesa de propriedade dos pais de Albin. Nos fins de semana, Chet organizava uma mistura de *jam session*/festa para dançar no porão. Sam Andrew (futuro guitarrista do Big Brother) é amigo de alguém que naquele momento morava no 1.090 da rua Page. Peter Albin aprendera a tocar contrabaixo. O primeiro empresário do Big Brother sugere que coloquem um anúncio no jornal procurando um guitarrista. David Erickson responde ao anúncio e o grupo (Peter e Rodney Albin, Chuck Jones, Sam Andrews e David Erickson) começa a pensar em um nome para o conjunto: Tom Swift and the Electric Grandmother, The Greenleaf Boys, The Acapulco Singers, etc. Dois outros nomes possíveis (Big Brother, The Holding Company) apareceram enquanto jogavam Monopólio. O nome final foi uma combinação dos dois. Peter anuncia a missão do Big Brother and the Holding Company: "Falar a todas as crianças da Terra". Eles tocam *blues*, *bluegrass*, *rhythm and blues* ao estilo pesado dos Rolling Stones, Bob Dylan, além de números folclóricos e de *rock* como *I Know You, Rider*, em bares e clubes locais. David Erickson tem menos de vinte e um anos, e isso os exclui de um grande número de *shows* em locais que serviam bebidas alcoólicas. Mais tarde ele é substituído como baterista por Dave Getz, um professor do Instituto de Arte, durante o dia, e garçom no Spaghetti Factory, à noite. Jim Gurley, que conhecia Chet na época da casa do Family Dog na rua Page, começa a aparecer durante os ensaios. Ele tocava um violão com um microfone adaptado. Gurley, conhecido como "os dedos mais rápidos do Oeste", vem adicionar um toque decidido de loucura ao som do grupo com seu conceito de *freak rock*, uma síntese psicodélica de *jazz* progressivo, temas de *ragas*, *rock* pesado e efeitos de som. No final do ano de 1965 o Big Brother faz sua estréia num *show* beneficente para o Open Theater em Berkeley (novamente o porão do número 1.090 da rua Page).

1966 — *Janeiro* — Apresenta-se cantando em clubes de Austin, ainda com o repertório de Bessie Smith e números folclóricos de *blues*.

22 de janeiro — Big Brother se apresenta oficialmente pela primeira vez. Auxiliados pelo sintetizador de Donald Buchla, tocam ao lado do Grateful Dead no lendário Trips Festival, no Longshoreman's Hall. O programa consistia em *freak jazz* — Sun Ra, Coltrane, Pharoah Sanders — *rhythm and blues*, música do Oriente místico e efeitos de distorção.

19 de fevereiro — O Big Brother toca no primeiro "Tribunal Stomp", no Fillmore. Foi a última apresentação do baterista Chuck Jones. Foi substituído por Dave Getz. Nos quatro ou cinco meses seguintes, eles se apresentam em locais na Bay Area. Num desses compromissos, um jornalista de São Francisco opina: "um quinteto de Liverpool de cantores, cabelos compridos e guitarras altas demais". Da associação deles com Chet Helms, que agora faz o papel de empresário, o grupo toca regularmente nos fins de semana no salão psicodélico Avalon (para o qual Chet arranja conjuntos).

Março — Em benefício do cantor texano de blues, Teodar Jackson, Janis canta *Going to Brownsville*, *I Ain't Got to Worry*, e *Codeine* de Buffy St. Marie.

Maio — Janis considera a possibilidade de participar de um grupo texano de *blues-rock*, o Thirteenth Floor Elevators. Chet e o grupo, observando o sucesso de outras bandas que possuem mulheres como vocalistas principais (Jefferson

Janis com o grupo Big Brother and the Holding Company, 1967.

Airplane com Signe Anderson e o Great Society com Grace Slick), estudam a possibilidade de admitir uma "garota que cante" no conjunto. Chet sugere uma velha amiga dos tempos de Austin: Janis Joplin. Enviam Travis Rivers, um velho conhecido dos tempos de colégio em Port Arthur, para o Texas com a missão de persuadir Janis a vir para São Francisco tentar carreira como vocalista principal do Big Brother.

30 de maio — Janis parte com Travis para São Francisco.

4 de junho — Chegada a São Francisco.

10 de junho — Apresenta-se pela primeira vez com o Big Brother — no Avalon Ballroom.

19 de junho — Apresentação no St. Francis Hotel, em benefício de Tom Leary.

1º de julho — Janis muda-se para uma casa em Laguanitas no Vale de San Gerônimo com membros do Big Brother, junto com as esposas e namoradas.

17/18 de julho — Apresentação no Avalon.

28 de julho — Apresentação no California Hall (no Cheaper Trips). Bob Shad, proprietário da Main-Stream Records em Detroit, vem a São Francisco para ouvir os conjuntos. Quer contratar o Big Brother, mas Chet é contra.

5/6 de agosto — Apresentação no Avalon, com Bo Diddley

7 de agosto — Apresentação no Fillmore.

12/13 de agosto — Apresentação no Avalon.

23 de agosto — O grupo inicia um compromisso de quatro semanas no Mother Blues em Chicago. Sem dinheiro e desesperados, assinam contrato com a Mainstream Records (a essa altura haviam despedido Chet da posição de empresário. Depois de assinar, Shad se recusa a lhes dar um adiantamento ou passagem de volta para São Francisco. O álbum é gravado em Chicago e Los Angeles. Tendo se reservado o papel de produtor, Shad não permite que o grupo permaneça no estúdio durante a mixagem final. O LP é lançado somente após a aparição triunfal do Big Brother no Festival Pop de Monterey no ano seguinte.

6 de outubro — O Big Brother, por sugestão do novo empresário Julius Karpen, muda-se de volta para São Francisco. Apresentam-se no Love Pageant Rallym, no Golden Gate Park.

7/8 de outubro — Apresentação no Avalon.

15/16 de outubro — Apresentação no Avalon.

1/6 de novembro — Apresentação no Matrix.

25/26 de novembro — Apresentação no Avalon.

9/10 de dezembro — Apresentação no Avalon.

1967 — *1º de janeiro* — O Big Brother se apresenta junto com o Grateful Dead e o grupo de Digger, Orkustra, no Wail/Whale do parque Panhandle, em Nova York — a festa de agradecimento dos Hell's Angels, celebrando a libertação sob fiança de Chocolate George, da comunidade de Ashbury.

14 de janeiro — O Big Brother apresenta-se no primeiro *Be-in* no parque Golden Gate. Também comparecem: Grateful Dead, Jefferson Airplane, Sir Douglas Quintet, Loading Zone, etc.

17 de janeiro — Apresentação no Matrix.

22 de janeiro — Apresentação no Matrix.

31 de janeiro — Apresentação no Matrix. *Amazing Grace/ High Heel Sneakers Medley* (no disco *Farewell Song*).

5 de fevereiro — Apresentação no California Hall com Blue Cheer, patrocinada pelos Hell's Angels em benefício de Harry Cabeludo. Uma apresentação é adiada até que os alunos de Direito terminassem os exames de prática forense.

10/11 de fevereiro — Num concerto no Golden Sheaf Bakery em Berkeley, Janis conhece Country Joe McDonald, cujo conjunto, The Fish, também se apresentava ali. Pouco tempo depois, Janis vai morar com Country Joe.

17/18 de fevereiro — Segundo Tribal Stomp Anual, comemorando o primeiro aniversário do Family Dog, no salão Avalon. O Quicksilver Messenger Service também se apresenta. Chet Helms promete contratar "animadores de danças" para incitar a participação do público.

19 de fevereiro — Apresentação no Fillmore, com o Jefferson Airplane.

24 de fevereiro — Apresentam *Amazing Grace* no Invisible Circus, dentro do evento Rite of Spring para a Glide Memorial Church. Michael McClure, entre outros, participa.

4 de março — Apresentação com a Steve Miller Band no auditório do Centro Médico da Califórnia.

17/18 de março — Apresentação no Avallon, com Sir Douglas Quintet e Charles Lloyd.

31 de março — Apresentação no Avalon.

1º de abril — Apresentação no Avalon.

11 de abril — Apresentação no Fillmore.

12/13 de abril — Apresentação no Winterland.

21/23 de abril — Apresentação no Fillmore.

25/26 de abril — Apresentação no Matrix.

5/7 de maio — Apresentação no Avalon, com o Sir Douglas Quintet e Orkustra.

12/13 de maio — Apresentação no Winterland.

24/26 de maio — Apresentação no Carousel Ballroom com os Clara Ward Singers e H. P. Lovecraft. O cartaz foi criado por Stanley Mouse.

26/27 de maio — Apresentação no Fillmore.

2/3 de junho — Apresentação no California Hall.

8/11 de junho — Apresentação no Avalon.

17 de junho — Primeira apresentação no Festival Pop de Monterey, num sábado à tarde, juntamente com Canned Heat, Al Kooper, Steve Miller Band, Paul Butterfield Blues Band, Mike Bloomfield and the Electric Flag.

18 de junho — Segunda apresentação do Big Brother, incluídos ao programa no domingo à noite para que pudessem ser filmados para o longa metragem *Monterey Pop*, de D. A. Pennebaker, juntamente com os Byrds, Jimi Hendrix, The Who, The Mamas and the Papas e o Blues Project.

21 de junho — O Big Brother apresenta-se nas comemorações do Solstício de Verão no Golden Gate Park (com o Grateful Dead, Quicksilver Messenger Service, etc.), usando equipamento emprestado do Monterey Pop.

24/25 de junho — Apresentação no Avalon, com o Quicksilver Messenger Service.

31 de julho — Apresentação beneficente para a Free Clinic, junto com Blue Cheer, Charlatans (com Bill Cosby na bateria), etc.

11 de agosto — Digger Emmet Grogan anuncia uma excursão tribal por São Francisco.

12/13 de agosto — Apresentação no Avalon.

25/27 de agosto — Apresentação no Avalon.

8/9 de setembro — Apresentação em Denver, no Colorado.

15 de setembro — Apresentação no Holywood Bowl.

6 de outubro — A polícia fecha o Matrix durante um *show* do Big Brother.

7/8 de outubro — Apresentação no Avalon com a Jim Kweskin Jug Band e Electric Train.

15/16 de outubro — Apresentação no Avalon.

28/29 de outubro — Apresentação no Peacock Country Club, em San Raphael.

2 de novembro — Apresentação no Fillmore.

3/4 de novembro — Apresentação no Winterland.

13 de novembro — Apresentação no evento Avalon Zenefit, a fim de angariar fundos para o Zen Moutain Center (com o Grateful Dead e o Quicksilver).

23/24 de novembro — Apresentação no Dance California Hall com o grupo Friendly Stranger.

25 de novembro — Apresentação no Avalon.

Novembro — O Big Brother assina contrato com o novo empresário, Albert Grossman.

Dezembro — Janis vai passar o Natal em Port Arthur, com a família

Janis com Albert Grossman.

Janis ao lado de Freewheelin Frank, dos Hell's Angels,
São Francisco, 1967.

29/31 de dezembro — Apresentação no Winterland.

Outros locais de concertos em 1967 foram: clubes em Seattle e Vancouver, o Cheetah de Los Angeles, o Psychodelic Supermarket em Boston, o Golden Bear Club em Huntington Beach, o Straight Theater em São Francisco e o Mother Blues em Chicago.

1968 — *17 de fevereiro* — Primeira apresentação em Nova York, no Anderson Theater. Ótimas críticas no *New York Times*, *Village Voice*, etc. Assina com a Columbia Records.

Fevereiro — *Shows* em Boston, Cambridge, Providence e Chicago.

1º de março — Primeiras tentativas para "capturar" o som do Big Brother ao vivo, no grande Salão de Detroit (para o álbum Janis ao vivo).

8 de março — Abrem o Fillmore East.

Março/abril — Sessões de gravações para o *Cheap Thrills* no Studio E da Columbia, em Nova York.

O grupo agora se apresentava como "Janis Joplin e Big Brother and the Holding Company". Janis recebia grande atenção dos meios de comunicação. O pessoal do Big Brother sente que Janis está tendo um "ataque de estrelismo", tratando-os como um simples conjunto de acompanhamento. Outros estão segredando a Janis que o som está péssimo, e que ela deveria dispensá-los.

2 de abril — Apresentação no New Generation, em Nova York.

10 de abril — Apresentação na Anaheim Convention Center, em Los Angeles.

11 de abril — Apresentação no Hollywood Palace, da ABC-TV.

13 abril — Apresentação no Winterland, em São Francisco. Gravação ao vivo de *Farewell Song*.

Abril — As sessões de gravação de *Cheap Thrills* continuam nos estúdios da Columbia em Hollywood.

12 de maio — Apresentação no San Francisco Valley State College.

Junho — O grupo retorna a Nova York para mais sessões de gravação. A essa altura já possuem cerca de duzentos rolos de fita gravada, mas o produtor John Simon acha que nenhum possui qualidade suficiente para ser utilizado. Entretanto, os pedidos de reserva do álbum são tão grandes que asseguram um sucesso absoluto para *Cheap Thrills*. O presidente da Columbia, Clive Davis, insiste para que o disco seja lançado imediatamente.

23 de junho — Apresentação no Corousel Ballroom.

24 de junho — Apresentação no Avalon.

Agosto — Apresentação no *Newport Folk Festival*, em Rhode Island.

Lançamento de *Cheap Thrills*. Vende mais de um milhão de cópias no primeiro mês (a despeito das críticas variadas).

3 de agosto — Apresentação no Fillmore East, com os Staples Singers.

23 de agosto — Apresentação no Singer Bowl, em Nova York.

30 de agosto/ 1º de setembro — Apresentação no *The Palace of Fine Arts Festival*, em São Francisco.

Setembro — O empresário Albert Grossman anuncia uma separação amigável entre Janis e o Big Brother.

Outubro — Janis é agora constantemente vista com seu símbolo — uma garrafa de Southern Comfort. Aumentou tanto as vendas da companhia de bebidas, que ela consegue "extorquir" um casaco de lince deles. "Que batalha! Já imaginou? Ser paga para desmaiar por dois anos?"

Novembro — Apresentam–se no Aragon e no Cheetah, em Chicago.

15 de novembro — Última apresentação na Costa Leste com o Big Brother, no Hunter College, em Manhattan.

28 de novembro — Albert Grossman pede a Mike Bloomfield e Nick Gravenites que ajudem Janis a montar um novo conjunto.

30 de novembro — O Big Brother se apresenta em Vancouver, no Canadá.

1º de dezembro — Última apresentação do Big Brother, com o Family Dog em São Francisco.

18/19 de dezembro — Bloomfield e Gravenites montam e ensaiam o novo grupo em São Francisco. Uma longa lista de nomes propostos (Janis and the Joplinaires, The Janis Joplin Rewieu, etc.) mas o conjunto vem a chamar-se The Kozmic Blues Band.

28 de dezembro — O Kozmic Blues contratado para uma apresentação no "Yuletide Thing" de Stax/Volt, em Memphis. Ainda um pouco desencontrados, ensaiam à última hora no Studio B da Stax/Volt Records, em Memphis. Naquela noite compareceram à festa de Natal da Stax/Volt.

29 de dezembro — Segunda no programa, com um grande número de grupos de *soul* altamente profissionais, a Kozmic Blues tem uma recepção um tanto fria no Mid South Coliseum, de Memphis.

Outras apresentações ocorreram em Cincinnati, a Convenção da NARM em Porto Rico, no The Eletric Factory na Filadélfia, no Festival da Universidade de Buffalo, no Electric Theater e Kinetic Playground em Chicago, no The Kaleidoscope em Los Angeles, além do Avalon e do Fillmore, em São Francisco.

1969 — *1º de fevereiro* — A revista *Rolling Stone* publica uma crítica amena, porém nociva à apresentação "Memphis Debut", escrita por Stanley Booth.

8 de fevereiro — Albert Grossman combina uma apresentação no "mais obscuro local que conseguiu encontrar": Rindge, em New Hampshire, para um "teste de som".

9 de fevereiro — Concerto de "Pré-Estréia" no Boston Music Hall.

11/12 de fevereiro — Apresentações no Fillmore East provocam controvérsias.

4 de março — Apresentação na CBS-TV, "Carnegie Hall for Children".

15 de março — Críticas devastadoras são publicadas sobre as apresentações no Fillmore, e entrevistas com Janis são publicadas na *Rolling Stone*. A matéria da primeira página foi assinada por Paul Nelson — *Janis: A Judy Garland do Rock?*

18 de março — Apresentação no Ed Sullivan Show.

20/22 de março — Apresentação no Winterland.

23 de março — Apresentação no The Fillmore West.

24 de março — Uma matéria assinada por Ralph Gleason, no *San Francisco Chronicle*, sugere que Janis deveria "voltar para o Big Brother, se eles a aceitarem".

Abril/maio — Excursão européia do grupo.

4/12 de abril — Apresentações em Frankfurt filmadas pela televisão alemã (no LP *Janis Soundtrack*).

13/30 de abril — Apresentações em Estocolmo, Amsterdã, Copenhague e Paris.

21 de abril — Apresentação no Albert Hall, em Londres. Ótimas críticas em *Disc*, *Melody Maker*, *Telegraph*, etc.

Junho — Têm início as sessões de gravação para o álbum do *Kozmic Blues*, nos estúdios de Hollywood da Columbia.

20/22 de junho — Apresentações no Festival de Newport, Rhode Island, Devonshire Downs, na Inglaterra, e Northridge, na Califórnia.

5 de julho — Apresentação no Atlanta Pop Festival.

18 de julho — Primeira apresentação no Dick Cavett Show.

19 de julho — Apresentação em Forest Hills, Nova York.

3 de agosto — Janis canta em dueto com Little Richards, no Atlantic City Pop Festival.

16 de agosto — Apresentação no Woodstock Music and Art Fair em Bethel, Nova York. Última apresentação de Sam Andrews com o grupo. Substituído por John Till.

31 de agosto — Apresentação no International Pop Festival, em Lewisville, no Texas.

Janis e seu Porsche 65, pintado por Dave Richards.

"Ídolo é o Jimi Hendrix, eu não sou nada."

Setembro — O advogado de Janis entra com uma ação contra uma agência de propaganda em virtude do "furto", explorado num anúncio de televisão.

1º de setembro — Apresentação no New Orleans Pop Festival no Baton Rouge International Speedway, em Prairieville, Louisiana.

20 de setembro — Apresentação no Hollywood Bowl.

Outubro — Apresentação em Austin e Houston.

Novembro — Lançamento do *Kozmic Blues*.

16 de novembro — Janis é processada duas vezes por usar linguagem vulgar e obcena no palco durante a apresentação no Curtiss Hall, em Tampa.

23 de novembro — Apresentação no Auditorium Hall, em Chicago.

27 de novembro — Janis canta com Tina Turner num concerto dos Rolling Stones no Madison Square Guarden.

29 de novembro/1º de dezembro — Apresentação no West Palm Beach Rock Festival.

Dezembro — Apresentação em Nashville. Janis muda-se para sua casa nova em Larkspur, na Califórnia.

19/20 de dezembro — Apresentação no Madison Square Garden. Johnny Winter e Paul Butterfield juntam-se a Janis no palco. Ela se "envolve emocionalmente" com Joe Namath.

Outras apresentações em 1969 incluem o Tom Jones Show na ABC-TV, o Quaker City Rock Festival - Philadelphia, o Civic Center em Baltimore, o *show* Music Scene da ABC-TV, e o Toronto Pop Festival, no Canadá.

1970 — *Janeiro* — O grupo Kozmic Blues se dissolve.

Fevereiro — Parte de avião para o Rio de Janeiro, no Brasil, para o Carnaval. Planeja longas férias para "sair fora das drogas e ficar um pouco de molho".

4 de março — Multada em duzentos dólares *in absentia* em relação ao processo por obcenidade no palco, em Tampa.

20 de março — Janis anuncia do Rio de Janeiro que "estava penetrando na selva com um sujeito que parecia um grande urso" — David Niehaus.

28 de março — Grava *One Night Stand* com Paul Butterfield, no Studio D da Columbia em Hollywood (lançada no *Farewell Song*).

Abril — Janis reúne o terceiro e último grupo, o Full Tilt Boogie

2 de abril — Manda fazer tatuagens no pulso e sobre o coração, "one for the boys".

4 de abril — Reunião com o Big Brother no Fillmore West.

12 de abril — Apresenta-se com o Big Brother no Winterland (lançado no álbum *Live*).

Maio — O Full Tilt apresenta-se pela primeira vez no mesmo compromisso que o Big Brother com seu novo vocalista principal, Nick Gravenites (gravado ao vivo para *Be a Brother*) num baile dos Hell's Angels no Pepperland, em San Rafael. Também se apresentam na Universidade da Flórida, em Gainsville, Jacksonville na Flórida, e no Bar-B Ranch em Miami.

12 de junho — Apresentação do Full Tilt no Freedom Hall em Louisville, no Kentucky. Também fazem concertos em Kansas City, Santa Ana e San Bernardino.

25 de junho — Apresentação no Dick Cavett Show.

28 de junho/4 de julho — Apresentações no "Festival Express", uma turnê pelo Canadá (lançado em *Live*).

8 de julho — Concertos havaianos.

10 de julho — Janis canta numa festa de aniversário para Ken Threadgill, em Austin.

11 de julho — O Full Tilt e o Big Brother participam do mesmo compromisso em San Diego.

1º/2 de agosto — Apresentações no Forest Hills, em Nova York.

3 de agosto — Última apresentação no Dick Cavett Show (com Raquel Welch e Chet Huntley).

4 de agosto — Apresentação em Ravinia, Illinois.

6 de agosto — Apresentação no Shea Stadium Peace Festival.

8 de agosto — Apresentação no Capitol Theater em Port Chester, em Nova York.

12 de agosto — Derradeira apresentação, no Harvard Stadium.

13 de agosto — Viaja de avião para Port Arthur.

14 de agosto — Comparece à reunião de ex-alunos do colegial.

Setembro — Sessões de gravação do *Pearl*, em Los Angeles.

3 de outubro — Janis ouve a base instrumental da última música programada para o álbum *Pearl*: a composição de Nick Gravenites, *Buried Alive in the Blues*. Planeja gravar o vocal no dia seguinte.

4 de outubro — À 1h40 da madrugada, sozinha em seu quarto no Landmark Hotel, Janis Joplin ingere uma *overdose*, causada por uma combinação de álcool e heroína.

Janis uma vez confessou que não suportava ser feliz.

JANIS JOPLIN
Por Ela Mesma

Posso representar a mim mesma

"Eu vou escrever um livro sobre você", disse David Dalton a Janis Joplin.

"Querido, se você puder pagar suas passagens, pode ficar grudado em mim pelo resto da vida."

E assim David Dalton pegou seu gravador-cassete e saiu atrás de Janis. O resultado foram longos papos, que renderam um livro. Reproduzimos aqui algumas partes.

Sempre me identifiquei demais com os livros de Scott Fitzgerald, e sou fascinada pela figura de Zelda, sua mulher. Li e reli as coisas dele várias vezes, e Zelda era sempre uma figura mística na sua vida. A gente fica achando que ele a destruiu, mas em Crack-up fica bem claro que ela era tão ambiciosa quanto ele. Na realidade, os dois se destruíram um ao outro, ou se destruíram juntos. Mas eu já estava vivendo partes da vida de Zelda, antes de ter ouvido falar nela.

Eu gosto de dar uma sacudida no pessoal da platéia, nos meus *shows*. Chego na frente do palco e grito para as primeiras filas: venham, fiquem em pé e dancem comigo! O pessoal da primeira fila é sempre a aristocracia local, todos empertigadinhos e bem-comportados. Mas um dia um cara se levantou mesmo, e a primeira coisa que fez foi meter a mão no meu peito.

Quando se desce do palco e se chama as pessoas para dançar, elas geralmente se ligam — a menos que estejam dormindo na cadeira. Existe uma espécie de barreira artificial na cabeça deles, entre o palco e a platéia. Se você quebra a barreira e mostra que é humana, e que fica tão suada quanto eles, com o cabelo despenteado, em pé na mesma altura deles, e que é só por acaso que está em cima do palco — então é muito divertido. Nesse momento existe um contato humano.

Como nos bares: eu adoro conversa de bar. Quatro pessoas em volta da mesa, sentadas, ninguém ouvindo niguém, alguém sendo ofensivo, e um terceiro sempre se desculpando. O que eu não gosto é dessa porcaria de ser estrela. Se sou importante, então me deixem em paz. Eu pago minha bebida e ninguém tem o direito de me encher o saco. Aliás, isso é o que eu digo aos donos de bar que querem me mandar embora porque minha aparência é esquisita e os peitos estão aparecendo. Eles não sabem que eu sou uma estrela, nos botequins. O que significa uma cantora de *rock* para um *bartender* de oitenta anos? No máximo uma "trepada", é o que significa.

Outro dia fui ao médico, porque meus amigos acham que tenho um problema sério com a bebida. Disse a ele: fiz isso com vinte e dois anos, aquilo com vinte e cinco, tomei isso com vinte e seis, comecei aquilo com catorze e mais isso aos dezoito, e tenho bebido demais ultimamente. Ele ficou me olhando e disse que não achava que eu tinha problema de bebida, achava que, se as coisas eram assim, até que eu estava ótima.

A coisa que aprendi sobre ser artista é que aqueles momentos no palco são tudo.

O resto é uma merda, as pessoas sempre tentando arrancar alguma coisa da gente, tentando convencer, você querendo dormir e o sono não vem, às duas da manhã os bares estão fechados e é tudo uma merda. Os músicos que conheço tocam por amor à sua música mesmo, nenhum dinheiro vale o preço que se paga.

Quando comecei a cantar, eu não estava interessada assim em ser uma cantora. Só queria tomar drogas, fumar, comer e beber drogas, e qualquer coisa que pintasse eu queria experimentar. Tive alguns problemas sérios com drogas pesadas, e acabei voltando ao Texas, de onde tinha saído, para tentar juntar os pedaços de mim mesma. Mas não deu para agüentar aquilo lá, e ao mesmo tempo eu tinha medo de voltar para cá e "entrar bem" outra vez. Fiquei lá um ano, desta vez, e não "trepei" uma única vez. Mas com quem se pode "trepar" em Port Arthur? Estava morrendo de tédio, tentando freqüentar a Universidade, porque minha mãe queria, e um belo dia um antigo namorado meu apareceu... Já fazia muito tempo, eu tinha ido à cidade grande e aprendido sobre o bem e o mal, e tinha voltado à minha cidade e lá estava eu. E aí pintou esse cara e simplesmente me pegou e me jogou numa cama, e oh, "bicho", "trepamos" a noite inteira, e eu adorei. De manhã ele me mandou fazer as malas e disse que íamos para a Califórnia, para cantar *rock*. Eu fui, e logo entendi que tinha sido convencida a me envolver com *rock* (até aí eu cantava *blues*), porque o cara era tão bom de cama. Em São Francisco o *rock* estava estourando, e ninguém nunca tinha ouvido falar de mim. Eu era apenas mais uma garota das ruas, que só tinha para vestir o que usava para ir à Universidade. Não sabia cantar *rock*, nunca tinha cantado com instrumentos elétricos nem com bateria: só sabia cantar *blues* e *folk* com uma única guitarra. Estava apavorada e morria de medo. Um dia me disseram que subisse no palco e cantasse, eu fui, e oh, bicho, que sensação. Tudo de que me lembro é a sensação — foi maravilhoso! E eu cantei direito, a platéia começou a dançar, e lá estava eu, com o microfone na mão,

comandando a coisa. Quando acabou, eu disse para o pessoal do conjunto que ia ficar com eles. Não me lembro de muita coisa dessa época, só que trabalhamos muito, passamos fome e pedi algum dinheiro a meus pais.

E agora dizem que sou uma estrela, e lá dentro sei muito bem que não sou estrela coisa nenhuma, eu me conheço, vivi sempre comigo. Essa moça eu "manjo" — ela se sente sozinha, tem uma coisa que ela sabe fazer bem. Depois de um *show*, minha roupa está rasgada, meus sapatos cambaios, suada, o cabelo todo despenteado e molhado de suor, o rosto brilhando, um desastre completo. E tudo o que eu quero nessa hora, é ir para casa tirar a porcaria da roupa e tomar um banho — e alguém assim não é estrela coisa nenhuma. Sei que tive muita sorte. Sei disso porque já estive por baixo, já passei fome e estive doente, já "trepei" com muita gente para conseguir uma cama para dormir. Por isso não me venha com essa história de estrela. Eu dei foi sorte.

As manhãs são a hora pior, a gente se sente um cadáver e tem de sair e tomar um avião. O sofrimento encharca a manhã e se evapora à noite. Agora não bebo mais durante o dia, só na hora de entrar em cena. Resolvi que gosto de música e quero estar presente quando canto. As pessoas costumavam comentar o que tinha acontecido, e eu dizia: puxa, parece legal, gostaria de ter estado lá. Gostaria de me lembrar de alguma coisa, pô. Eu costumo ter problemas nos bares por causa de minha aparência, já disse. Nesses casos, você pode ficar furiosa e ir embora, ou pode mostrar a cor do seu dinheiro e obrigá-los a engolir você. Mas todo mundo que parece esquisito é maltratado. As pessoas ficam assustadas porque você está "numa" diferente da deles. Eles pensam: "se eu não posso usar essas roupas, como é que ela pode?"

As mulheres, então, são incríveis, não admitem que outra mulher não ligue para as barreiras que elas têm; ficam insultadas. Você sabe, sem maquilagem, o cabelo despenteado, roupas esquisitas, peito aparecendo. Elas pensam: ela pode saber cantar, mas não precisa se comportar dessa maneira horrível. Nos meus concertos as garotas sempre procuram liberação e acham que eu vou mostrar o caminho. Mas na fila da frente ficam sempre as grã-fininhas, as putinhas reprimidas e decorosas, que ficam esperando todo mundo estar dançando e gritando, para elas poderem gritar também. Quando elas chegam num certo ponto, sei que estão prontas, mas não têm coragem, precisam de um chute na bunda para se levantarem também. Aí eu dou o chute na bunda delas. Eu fui criada com elas, sei exatamente o que têm naquelas cabecinhas estúpidas. No interior, então, as pessoas nem sabem que existe outra maneira de viver, além daquela que papai aprova. Se você consegue chegar a eles uma única vez, fazê-los ficar em pé quando deveriam estar sentados, ficarem suados em vez de decorosos, gritar em vez de aplaudir polidamente, então acontece alguma coisa dentro da cabeça e eles pensam: talvez as coisas sejam diferentes, talvez eu possa fazer qualquer coisa. É isso que o *rock* é, ligar essa chave na cabeça das pessoas. Você pode não ser feliz, mas vale a pena. Eu vou tentar. É como cometer suicídio no dia do nascimento, se você não tenta.

O guitarrista Mike Bloombield só toca quando está com

vontade, e acho que é legal para ele. Mas eu já entrei no palco morrendo de tédio, de depressão, de cansaço, e saí de lá feliz. Não acho que se possa esperar dar vontade — algumas vezes a música é a única forma de melhorar a cuca. E tem a parte de representar, o elemento de ator, que eu gosto. Não sei se eu poderia ser atriz, mas posso representar a mim mesma. Música não é só deixar os sentimentos saírem à vontade, precisa uma organização, uma linguagem que os outros entendam, porque não se canta para si próprio, mas também para os outros, e você deve dar a eles um recado bem-feito e compreensível.

Eu compus *Kozmic Blues*, com um K — é uma viagem muito desesperada para ser levada a sério, tem de ser como uma piada do Crumb, senão não dá para agüentar. *Kozmic Blues* quer dizer que não importa o que você faça, não vai ganhar a guerra. Quando eu era criança, as pessoas me diziam que eu era infeliz porque estava na adolescência, mas que um dia tudo ia ficar legal. E eu acreditava. Primeiro achava que quando o homem certo aparecesse, seria a hora; depois, que quando eu pudesse "trepar" em paz; depois, que se eu conseguisse algum dinheiro, etc. Até que um dia, sentada num bar, entendi, de repente, que nunca ia acontecer nada, que nunca ia ficar legal, que o tempo todo tem alguma coisa errada, sempre, só muda o problema. Não era um prazo de espera, era toda a minha vida...

Não sei se estou sendo insensível se disser que o *blues* do negro é sempre baseado na *falta de*. "Estou triste porque não tenho mulher, porque não tenho dinheiro, porque não tenho isso ou aquilo". E não é o que está faltando que faz você infeliz, mas o desejo específico por alguma coisa que não pode conseguir. Não é o nada, o não-ter: é o querer. O que você gostaria que fosse é que o torna infeliz, o que traz o vácuo e o vazio. Por isso eu bebo.

A Full Tilt Boogie, o meu conjunto, é maravilhoso, eles me ajudam de uma maneira incrível. Tenho um baterista que pode me fazer "subir até nas paredes". Perguntei a ele onde tinha aprendido a acompanhar um cantor daquela maneira, e ele disse: eu acompanhava *strip-teases*. É assim que se aprende. Eu posso estar no meio de um verso e mudar tudo, e eles me seguem. Eles não seguem o arranjo, seguem a mim. Se eu resolver que ainda tenho o que dizer e começar a curtir, eles me acompanham pelo tempo que eu quiser. Eu crio música nova e eles sacam, e sai tudo perfeito. Baixo e bateria é o que o cantor mais escuta no conjunto, o que dá apoio. Tudo o que um cantor precisa para se apoiar, é o fundo. O meio serve para preencher, mas se o fundo não for "da pesada", sai tudo errado.

Todo mundo já esteve apaixonado e foi abandonado, e todo mundo já teve alguém que o amou de verdade e a quem não foi capaz de amar. E isso é dor e é sofrimento, e é dessas coisas que eu falo quando canto; preciso acreditar nas palavras senão não consigo cantar. E lá estou eu expondo a minha alma, meus sentimentos, tudo o que tenho por dentro, e se olho a audiência e vejo que eles não estão sacando, é como um soco na cara. Las Vegas já quis me contratar, mas eles nunca vão ter dinheiro suficiente para pagar minha dor — não vou cantar para aquela espécie de gente. As pessoas me perguntam onde aprendi a cantar desse jeito — eu não aprendi, bicho. Só abri a boca e saiu tudo o que eu tinha aprendido da vida, toda a dor. Você não pode fingir uma coisa que não sente. Para uma mulher é mais duro, porque ela tem de abrir mão de quase tudo para ser cantora. Uma mulher canta sua alma, realmente. Em geral, abriu mão de filhos, de um homem, de um lar. Para uma mulher cantar, é porque ela queria demais, por que tem de pagar um preço alto por isso. Muitos músicos são casados, viajam, têm outras mulheres, se divertem, e quando voltam para casa está tudo lá, à espera deles. Mas qual é o homem que vai querer uma mulher como eu, e deixá-la fazer o que precisa fazer? Esse é o problema. Eu não quero um capacho, quero um homem que seja mais forte e maior do que eu. E na minha profissão é difícil encontrá-lo, porque os homens de verdade não estão rondando camarins, estão cuidando de sua vida. Nos camarins só tem os garotos e os derrotados. E isso dá ainda mais *soul* à cantora, ela fica mais famosa, e é um círculo vicioso.

Eu nem sequer queria ser cantora. Eu traficava drogas e tentava achar um lugar para dormir e um cara para dormir comigo. De vez em quando cantava por bebida grátis, mas até me tornarem numa cantora de *rock*, nunca tinha pensado seriamente na profissão. Toda a minha vida eu só pensava em ser uma *beatnik,* me dopar, "trepar" e me divertir — viver a vida. Mas eles jogaram aqueles músicos em cima de mim, o som vinha de trás, o baixo me empurrava, e foi naquele instante que descobri que não queria fazer mais nada na vida. Era melhor do que tinha sido com qualquer homem — e talvez seja esse o problema.

Jerry Garcia, grande amigo de Janis, disse, quando ela morreu: "Foi a melhor época possível para morrer. Se vocês conhecem gente que passou de um certo ponto e entrou em declínio, velho, doente, derrotado, sabem do que estou falando. Mas Janis era como um foguete, sempre subindo, subindo. E sua morte foi a subida final".

Será que ela vai conseguir?

Entrevistador — *Uma das primeiras vezes que a vi foi no Solstício de Verão. Todos aqueles grupos nas traseiras dos caminhões...*

Janis — É, a gente caminhava até a rua Haight e comprava vinho — eu, Sunshine, e nosso cachorro George. Caminhávamos passeando, conversando, até a rua Haight e comprávamos mais vinho, é tudo do que me lembro. Se não me engano, encontrei Freewheelin' Frank naquele dia, também.

Entrevistador — *O livro dele "abriu" minha cabeça.*

Janis — Bem, alguns deles (os Hell's Angels) são ótimos amigos meus: Sweet William, Crazy Pete. Freewheelin' conheci muito tempo atrás. Moose é um bom amigo. Não conheço muitos outros, como ficou provado pelo fato de que fui surrada por alguns deles no *show* que fiz para eles.

Para mim, o problema com os Angels, é que... veja bem, como amigos são simplesmente pessoas... mas o clube em si acho um pouco irrefletido. Por exemplo, logo depois que fui surrada veio esse sujeito e disse: "Cê devia tê dito quem era". Que diabos, a gente deve ser consistente! Seja sacana o tempo todo! Aí, sim, seria um verdadeiro marginal, e poderia se orgulhar disso. Minha briga com os Angels só se deve ao fato de que a química do meu corpo trabalha num ritmo diferente.

Entrevistador — *Quando veio para São Francisco pela primeira vez?*

Janis — Vim pela primeira vez em 1962. Eu costumava ficar em North Beach. Costumava cantar no Coffe Confusion, cantei lá um par de vezes. Cantava nas espeluncas em troca de cerveja. Depois de cantar, eu ganhava uma cerveja.

Era o final da era do *beatniks*. Ainda havia turistas chegando; era uma desculpa para cantar nas ruas, por alguns trocados e vinho. Apanhei um par de vezes. Está vendo essa

Janis, um meteoro que brilhou nos palcos por três anos.

cicatriz? É uma recordação de uma vez que apanhei de quatro "cavalões". Nunca vou aparecer bem em fotografias.

Então eu voltei e entrei para o Big Brother. Foi uma época incrível, cara. Eles não eram músicos profissionais. Eram simplesmente amigos, só pessoas. Costumávamos caminhar pela rua Haight, bebendo Ripple.

Aqueles dias na rua Haight eram estranhos. Lembra aquele filme *Suddenly Last Year*, onde o cara foi comido por canibais? Bem, aquilo quase aconteceu comigo da última vez em que estive lá. Saí do meu carro. "É Janis Joplin! É Janis Joplin! Ei, me dê isso, me dê aquilo..." Empurrando, me agarrando, tentando me machucar.

Eu costumava passear pelos parques e me divertir. Gostaria que fosse assim agora, mas não se pode voltar para casa outra vez! Tocávamos no Avalon porque éramos o grupo de Chet, mas quando fui pela primeira vez para o Fillmore, não estávamos mais com Chet. Ele ficou administrando o Avalon, e não achávamos que ele pudesse lidar conosco e ainda ficar com a gente ao mesmo tempo.

De qualquer forma, era algum *show* beneficente num domingo à noite, e Bill Graham nos vê subindo as escadas e nos expulsa. Eu digo: "Por que está fazendo isso, cara? Não estamos mais com Chet." Ele diz: "É porque vocês não são bons".

Oh, mas agora ele gosta da gente. Ele é bonzinho com todos os grupos que se deram bem.

Entrevistador — *Me conte mais sobre o Big Brother. Quero dizer, sobre as pessoas do grupo.*

Janis — Bem, deixe ver. Dave (Getz) eu diria que é o mais sólido naquele grupo. Antes ele era professor de arte. Sempre se pode contar com ele de uma forma que vem do *karma*. Peter (Albin) é mais louco do que pensa que é. Ele acha que é bem classe média, e ficou só um pouco maluco. Mas ele é maluco mesmo, cara, essa é a verdade.

Entrevistador — *Ele compôs...*

Janis — *Caterpillar*, por exemplo: "Eu viro um pterodáctilo pelo seu amor". Se isso não é loucura, então não sei o que é. E James (Gurley), um cara bonito e forte. Ele nunca aceitou toda essa moda hindu, mas tinha uma qualidade meio etérea... Eu gostava tanto dele... Tivemos um pequeno caso, que quase destruiu a banda.

E Sam (Andrews), sabe como é, era um gato muito inteligente. Não se percebia porque ele era tão bonito... Um dia eu estava no avião, andando pelo corredor, sabe como é, todo mundo lendo *Nesweek*, o *Kansas City Star*, e coisas parecidas, e o Sam estava lendo um livro em latim! Mas acho que o Sam é um pouco frustrado com sua música. Não sei bem por que, mas acho que ele ainda não achou a maneira certa de colocar sua música para fora.

Éramos muito próximos de uma comunidade, eu e o Big Brother. Foi maravilhoso tocar outra vez com eles no Avalon. Foi tão incrível porque eu estive na estrada com outro grupo, e ficou cada vez pior. Não nos dávamos muito bem, a música não estava coesa, e tivemos de terminar a excursão.

Às vezes a música não é uma curtição, e não estava sendo com o último grupo. Como o Blind Faith, aqueles caras não curtiam tocar juntos.

Bem, de qualquer forma, um dia eu tive um pouco de tempo livre, e soube que o Big Brother estava tocando no Family Dog. Fui até lá, e eles me convidaram para subir no palco, e fiquei muito contente por terem pedido. Nos abraçamos e beijamos, e então... eles não se lembravam de nenhuma das nossas músicas antigas, e tivemos de inventar uma nova. Eles não lembraram nem de *Piece of My Heart*. Fiquei mesmo chocada.

Essa história se espalhou, e Bill Graham resolveu apostar nela. Ele precisava de um nome, e Janis era o nome. Ele nos reuniu novamente por uma noite. Foi como uma reunião de família, cara.

Foi muito divertido, todos sentados no chão, bebendo tequila, se beijando e falando sobre velhos tempos. Lembro-me de andar pelo palco, dizendo: "É tão bom tocar com amigos... meu pessoal, cara".

Mas não se pode voltar, certo? Aprendi isso por experiência. Minha experiência é com minha música e com minha personalidade, e ambas mudaram. É como o encontro de dois ex-amantes que não transaram mais... a gente ia enlouquecer um ao outro.

Sei que posso contar com eles. Se for presa, posso contar com eles para pagarem minha fiança. Quando James ficou encrencado, eu estava lá. Foi uma coisa horrível, muito traumática para ele.

Entrevistador — *Acho que as pessoas ficaram muito aborrecidas quando você saiu do Big Brother.*

Janis — Eles certamente falaram um bocado mal de mim.

Entrevistador — *O segundo grupo seguia um pouco aquela linha da Motown, sabe como é, com um vocalista principal e um grupo de acompanhamento anônimo.*

Janis — Eu não iria tão longe assim. Gostaria que fossem mesmo um conjunto, mas a coisa não chegou a se realizar. Com esse grupo que tenho agora acontece isso. Também não posso trabalhar com um grupo que só acompanhe, eu preciso da emoção da banda. Mas não acho possível participar de uma banda tipo São Francisco *totalmente livre*, porque estou na frente, estou embaixo do holofote, e se alguma coisa não correr bem, sou eu quem levo a culpa.

Entrevistador — *Por que Sam Andrews foi o único membro do Big Brother que você levou quando montou seu segundo grupo?*

Janis — Porque Sam e eu cantamos muito bem juntos, e achei que podíamos nos dar muito bem, mas não conseguimos fazer a coisa funcionar.

"Minha habilidade não foi adquirida. Se faço algo, faço-o com toda a minha alma [...] Tenho de libertar o que tenho dentro de mim."

Agora, John (Till) é considerado por mim um ótimo guitarrista. Puxa, meu bem, ele fica tocando um monte de coisas lá atrás, a gente nem repara. Como algumas músicas que tivemos de fazer, como *Maybe*, por exemplo, que tem uma frase dominante de metais. Quando o organista está tocando essa frase, o órgão é um instrumento tão abafado que não está "segurando" de verdade. John faz a parte do trumpete, mais a parte do "tchink-thinck" da guitarra, mais os "pows" quando preciso, mais os "booms" e os "bangs", e os "ping-pings", e os "ting-tings" e os "bong-bongs". Eu fico reparando nele durante os ensaios e vi que ele tem de tocar o solo mais a harmonia. Acho que todos os guitarristas deveriam ser capazes de fazer isso. Acho que nunca reparei antes, porque tinha dois guitarristas.

Entrevistador — One Good Man *foi você quem escreveu, não foi?*

Janis — Foi um *blues* que eu fiz. *Blues* são fáceis de compor. É só a música de uma mulher solitária procurando um bom homem. E olhe que eu procurei bastante. É um eterno *blues*, sobre como eu tento parecer durona, tanto que ninguém repara que eu não sou. É como *Turtle Blues*.

Entrevistador — *Quem escreveu* Light is Faster Than Sound?

Janis — Peter. Peter Albin. Mas eu fiz aquela parte do "whooo, whooo, whooo". Veja bem, é que no Big Brother a coisa vinha de um esforço coletivo, com exceção das músicas do Sam, como *Call On Me*, ou *Combination of the Two,* por exemplo. Essas já vieram com o som final quando ele trouxe. Mas com as músicas de Pete, começávamos com uma idéia até que ela tomasse forma. Como *Ball on Chain*. Quando começamos, não tinha tanto silêncio e drama. É que a tocamos tantas vezes, e a conhecíamos tão bem, que aprendemos a tirar proveito dela. Uma batida forte, em vez de quatro médias. Era como se fosse... será que tenho coragem de dizer? Um produto *orgânico*.

É muito mais fácil fazer um som legal no Matrix ou no Avalon. Lá a gente pode estragar tudo, pode tocar bem, mal, maravilhoso... na frente dos seus amigos, e é tudo diversão.

Depois de Monterey e depois de Nova York, parei de me sentir assim. É importante a qualidade do meu som agora, já não é mais brincadeira. Embora eu *também* faça para me divertir, agora tenho de ser boa. Não posso ser mais ou menos. Eles estão pagando dinheiro, cara, e todas as implicações que isso traz.

Eles vêm ver você, e não se pode ter uma noite ruim, mesmo em Kansas City, porque está decepcionando muita gente.

É muito mais fácil acertar o som de um grupo no Matrix do que no Madison Square Garden, onde todos estão prestando atenção em cada nota, cada movimento, com a pergunta "Será que ela vai conseguir?" nos olhos.

Os dias em Waller Creek

Entrevistador — *Podemos falar sobre o passado?*
Janis — O passado, claro, o passado.

Entrevistador — *Como Chet Helms encontrou você?*
Janis — Eu estava num conjunto de *hillbilly*, mais para passar o tempo... eu deveria estar freqüentando a faculdade, mas simplesmente estava matriculada para poder ir levando. Eu estava cantando nessa banda, chamada The Waller Creek Boys; o Waller é um riacho de Austin, e Powell St. John estava na banda, e um cara novinho chamado Lanny Williams; que depois casou e teve filhos.

Costumávamos cantar nesse lugar chamado o Ghetto, depois ficávamos por ali e bebíamos muito, nos metíamos em grandes brigas, rolávamos na lama, bebíamos cerveja e cantávamos, fazíamos a coleta e cantávamos, coleta e canto, coleta e canto. Eu andava por lá levando minha *autoharp*. Nunca fui a lugar nenhum sem minha *autoharp*.

Estávamos cantando nesse bar chamado Threadgill's nos arrabaldes da cidade. Era um posto de gasolina reformado, ainda tinha aquela cobertura e tudo o mais, você parava o carro e ia tomar uma cerveja, o sr. Threadgill era um cantor de *hillbilly*. Todos os sábados as pessoas iam até lá. Era um amálgama muito estranho de pessoas. Havia esses velhos *Oakies*, e todos os garotos, como netinhos. Depois havia também um bando de professores da faculdade... gatos mais velhos, introduzidos intelectualmente na música *country*... os primeiros da corrente folclórica, e também os jovens aprendizes, que éramos nós.

Lá ficara o sr. Threadgill... ele ultrapassava a todos. Era velho, um homem grandão com uma barriga enorme e o cabelo branco penteado todo para o alto da cabeça. E lá estava ele distribuindo salsichas polonesas, ovos cozidos, *Grand Prize* e *Lone Star*, "Mais uma *Lone Star*", e ele atendia. Alguém dizia: "Sr. Threadgill, venha cantar uma música para a gente", e ele dizia: "Não, acho que agora não", então a pessoa insistia: "Por favor", e ele dizia: "Então está bem". Fechava o bar, vinha para a frente, colocava as mãos em cima do barrigão, que estava sempre coberto por um avental, como na Duffy's Tavern. Ele saía desse jeito, inclinava a cabeça para trás e cantava, como um passarinho, canções do Jimmie Rodgers, e sabia fazer um iodel perfeito... Meu Deus, era fantástico!

A gente costumava ir lá e cantar todos os sábados, e eu era a jovem arrogante com a língua mais solta... "Aquela garota parece muito com Rosie Maddox, não?" E eu cantava as músicas de Rosie Maddox, e cantava músicas de Woody Guthrie, mas numa noite eu disse: "Posso cantar uma agora? Posso cantar uma?", e eles disseram: "Tudo bem, deixe a garota cantar uma música agora", e eu dizia: "Me dê doze compassos em Mi." E cantei *blues*, e só me deixavam cantar um por noite... eu ia lá todas as noites!

Chet Helms me ouviu lá num desses fins de semana. Ele era famoso, era um dos malucos que saíra do Texas ainda bem jovem, aos dezoito. Estava de volta agora, a caminho da Costa Oeste, vindo da Costa Leste... todos os americanos acabam voltando para Austin... e me ouviu cantando. Ele disse: "Essa garota é boa, essa garota é boa".

Eu queria partir, estava querendo é dar o fora dali, mas não tinha coragem de fazer isso por mim mesma. Chet estava partindo, e disse que queria que eu fosse com ele, para ajudá-lo a conseguir caronas. Pedimos carona até São Francisco, e dormimos em vários assoalhos diferentes, e eu cantei um par de vezes.

Eu não estava tão interessada assim em cantar, pra dizer a verdade. Tive um par de oportunidades, eu não era muito séria sobre coisa nenhuma. Eu era só uma garota, só queria fazer a coisa "rolar"!

Eu queria fumar droga, tomar droga, lamber droga, chupar droga, transar com droga, qualquer coisa que me aparecesse nas mãos eu queria experimentar, cara. Cantar, cantar parece que se dissolveu na minha vida, e passei por muitas mudanças pessoais, problemas com drogas, problemas muito sérios com drogas, e acabei de volta ao Texas tentando juntar de novo os pedaços, mas não agüentei muito tempo lá. Estava com medo de sair e me danar outra vez. Fiquei por lá cerca de um ano, que era o tempo suficiente para eu enjoar completamente.

A maneira como entrei no grupo foi engraçada, foi exatamente na hora certa, porque eu não transava há um ano, cara, com quem eu iria transar em Port Arthur? Eu estava lá tentando acertar, não estragar as coisas, e me esforçando na faculdade porque era isso o que a minha mãe queria. Eu estava em Austin fazendo algumas apresentações de música folclórica, tocando violão, e chegou esse rapaz, velho amigo meu... um gato com quem eu costumava transar... anos depois que eu saí de Austin, foi em 1965, e eu saí em 1961. Eu tinha ido para a cidade grande, tive a minha cota de coisas boas e más, e voltei para casa a fim de um pouco de *rock and roll*, certo? Esse gato veio até onde eu estava tocando. Depois fui até a casa de algumas pessoas, e estava sentada lá quando esse gato veio e "tomou conta" de mim, cara, e era o Travis Rivers. Ele simplesmente veio, se apossou de mim, me atirou numa cama, uau, *baby*! Ele "trepou" comigo a noite inteira, até esgotar minha energia! "Trepamos" a noite inteira, "trepamos" de manhã. Eu estava me sentindo taaaão bem... sabe como as garotas são de manhã... me entreguei. (*voz de falsete imitando garota*) "Oi!" (*voz grossa imitando voz masculina*) "O que foi? Vá pegar suas roupas, acho que vamos para a Califórnia." Eu simplesmente disse: "Certo", mas na metade do caminho pelo Novo México, percebi que tinha entrado nesse negócio do *rock* levada por esse cara que "trepava" tão bem. Eu disse: "Bem, se é assim, então que seja, cara". Fui "comida" para entrar no Big Brother. Mas depois que cheguei aqui e comecei a cantar, gostei de verdade.

"Vivo para o momento das apresentações, cheia de emoção e excitação, como esperando por alguém a vida toda."

Então eu fui até São Francisco conhecer esses caras. Chet me conhecia e estava empresariando o Big Brother. Chet enviara Travis para que me convencesse a ser a atração do seu grupo, porque achava que eu era uma boa cantora e me daria bem, mas nunca cheguei a entender direito a coisa. Acontece que ele me procurou na hora e lugar certos, e acabei participando do grupo, mas ainda não sabia.

Quando saí, e olha que eu fiquei no Texas um bocado de tempo, George Hunter estava montando um *show*. Não havia *rock and roll* naquela época... eu saí em 1964... George falava em me colocar num grupo de *rock*. Ele tinha esse cartaz, o primeiro cartaz de *rock and roll*. George o desenhou, e estava escrito: *The Amazing Charlatans*. Eu pendurei o cartaz na parede, e costumava olhar e perguntar: "Até agora, o que esses malucos conseguiram?"

Voltei a São Francisco e o *rock and roll* estava acontecendo. Bem, nunca cantei *rock*, eu cantava *blues*... do tipo que Bessie Smith cantava. Eles diziam: "Janis, queremos que você cante com esses rapazes", e eu os conheci a todos, e você sabe como é quando se conhece alguém, você nem se lembra da aparência deles, tão aérea eu estava com tudo que estava acontecendo. Eu estava na cidade espacial, cara, estava apavorada. Não sabia cantar aquilo, nunca cantara com música eletrificada, nunca cantara com bateria, só me apresentava com um violão. Eu aprendera *Down on me*. É um *gospel*, eu já o conhecia e achava que podia cantá-lo, e eles fizeram os acordes. Ensaiamos a semana inteira, e eles se apresentaram no Avalon naquele fim de semana. Tocaram algumas músicas, depois disseram: "Agora gostaríamos de apresentar..."

E ninguém jamais tinha ouvido falar de mim, eu era só uma garota, não tinha roupas finas ou algo parecido. Estava usando o que eu usava na faculdade. Subi no palco, e comecei a cantar, uau! Que "barato", cara! Um verdadeiro barato de droga. Eu não me lembro de nada, tudo o que eu lembro é a sensação... que energia, cara! A música fazia: "Boom, boom, boom", e as pessoas estavam todas dançando, mais todas aquelas luzes, e eu lá em cima, cantando no microfone, "segurando a barra", e uau! Curti aquilo. Então eu disse: "Acho que vou ficar, rapazes." Estranho, não é? Pelo menos tomou a mim completamente de surpresa, isso eu garanto. Não estava planejando nada disso, não estava planejando ficar o resto da vida sentada em camarins frios, nem sabia que eles existiam.

Depois que resolvi ser cantora, nunca quis ser estrela. Eu simplesmente gostava de cantar porque era divertido, do mesmo jeito que as pessoas gostam de jogar tênis. Faz o corpo da gente se sentir bem. Todo mundo me dava cerveja de graça. Não me lembro muito bem do começo, nós simplesmente andávamos por aí, todos com fome, eu recebia um pouco de dinheiro de meus pais...

Poderia ter encontrado Otis Redding vinte vezes e casado com ele, mas uma vez eu o vi no palco... ele é um astro, cara! Nunca estive assim tão perto de um astro.

Entrevistador — *Você é uma estrela, Janis.*

Janis — Isso é diferente... e além disso eu não tinha ainda aceitado esse tipo de coisa. Você não pode dizer que é uma estrela. Eu me conheço, estou por perto há muito tempo, tenho sido essa garota por doze, treze anos agora. Eu era mais nova naquela época, mais inexperiente, mas ainda era a mesma pessoa, com os mesmos motivos, a mesma vontade e o mesmo estilo.

Eu era a mesma garota, porque sempre fui essa garota; eu a conheço bem, e ela não é estrela: é solitária, ou boa em alguma coisa. Preciso tirar as roupas depois do *show*, elas estão arruinadas, os saltos estão gastos, minha roupa de baixo está rasgada, meu corpo está manchado pelas roupas, meu cabelo embaraçado, tenho dor de cabeça e preciso ir para casa, estou sozinha, minhas roupas estragadas, meus sapatos arrebentados, e eu estou conversando com o empresário para ele me dar uma carona para casa, por favor, por favor, para eu poder tirar o raio dessas roupas, e nada disso é uma estrela, cara, é só uma pessoa.

Existe uma coisa que posso fazer, e estou melhorando nisso também, o que me faz sentir mais uma artista do que uma perdedora, cara, que era exatamente o que eu pensava. Simplesmente aconteceu a combinação das coisas certas na hora certa. Mas agora estou aprendendo, e esse é meu trabalho, aprender para melhorar, e estou melhorando, o que me faz sentir bem. Todo mundo pode fazer uma coisa por algum tempo, mas as pessoas não estão interessadas no que os outros conseguem fazer, passam por você, acreditando que é um perdedor, mas em outro tempo e lugar elas podem vir a você, o que não significa que você é melhor do que qualquer um. Portanto, algumas pessoas nem tentam. Quero dizer, sempre tem alguém que está tentando de verdade ser justo, que trabalha *mesmo*; são artistas, em grupos artísticos — eles tentam para valer.

Mas eu apenas tive sorte, e sei como tive sorte, porque já estive lá no fundo do poço. E usava as mesmas contas e o mesmo estilo "Oi, rapazes", para poder transar.

Não me diga que sou uma estrela, cara.

Entrevista atrás do palco em Louisville

Entrevistadora — *Você bebe antes de subir no palco?*

Janis — Nunca bebo até um pouco antes da hora de entrar, uma hora antes. Se eu beber três ou quatro horas, além de quando estou no palco, não vou apreciar o *show* porque não vou lembrar dele. Resolvi há duas semanas que a música soava tão bem quem eu queria estar lá, cara. As pessoas costumavam dizer: "Puxa, você fez isso, e fez aquilo", e eu dizia: Uau, parece demais. Gostaria de ter estado lá.

David Dalton — *O grupo está com um som ótimo, em "cima da pinta".*

Janis — Meu bem, meu bem, estou dizendo, eles são ótimos, cara. Estou um bocado orgulhosa deles. Estou curtindo tanto trabalhar com eles que todo dia eu os beijo e digo que os amo, cara. Está sendo melhor do que sempre foi para mim. Eles estão sempre me apoiando. Eles me seguem, já percebeu? Quando eu abaixo eles fazem *bop*, quando eu subo eles fazem *bop, bop, bop*. Eles são incríveis. Um grande talento mesmo.

Entrevistadora — *Como os encontrou?*

Janis — Ah, por aí. Albert encontrou alguns para mim. O resto conhecia outros amigos.

David — *Por que dispensou os metais?*

Janis — Por causa do volume. Muitas pessoas se queixavam que havia muito barulho. Eu gosto dos metais, meu bem. Gosto de ter o impacto que os metais causam. Mas eles fazem muita bagunça pela estrada, muito barulho, e fica muita gente no palco. Simplesmente não funciona bem na prática. Gosto de trabalhar com metais porque dão mesmo

Os *blues* adequavam-se perfeitamente à alma atormentada de Janis.

aquele "tchans!" Eu preciso mesmo disso, cara. Mas por outro lado existem todas aquelas manhãs de terça-feira no hotel, as pessoas não aparecendo na hora que deveriam...

Entrevistadora — *O que as pessoas dizem quando vêem você com essas roupas nos hotéis e restaurantes?*

Janis — É verdade, são muito mal-educados comigo. Me tratam como se eu fosse alguém que não querem por aqui... e não me querem mesmo por aqui. Mas tudo depende da rigidez deles. Você pode sair e dizer: "Que se danem, eu não sou obrigada a agüentar isso", ou então você mostra seu dinheiro, e eles deixam você ficar. Todo mundo que tiver uma aparência esquisita se dana. Eu pareço bem estranha, mas faço o melhor que posso.

David — *Por que você acha que as pessoas querem brigar com as que parecem esquisitas?*

Janis — Acho que é por causa de tudo o que se ouve por aí. Porque estão com medo. É o que eles tentam dizer; não gostam de você, é por isso. Por que não gostam, não faço a menor idéia... não sei se é um motivo razoável ou simplesmente recalque. Talvez o filho deles esteja tomando ácido, ou talvez ache que a gente vai tentar assaltar os bancos. Basicamente, é porque estamos numa viagem diferente da deles.

David — *Acho que pensam: "Não me deixam ficar com essa aparência. Como é que eles podem?" Não concorda?*

Janis — Talvez seja isso. Ou talvez simplesmente não gostem da cara da gente.

Entrevistadora — *Você é uma pessoa pessimista?*

Janis — Aaaaah... eu costumava achar isso. Era uma pessoa realmente pessimista, resmungona e cínica. Daí eu li em algum lugar essa definição que dizia: "Um pessimista nunca fica desapontado, e um otimista se decepciona constante-

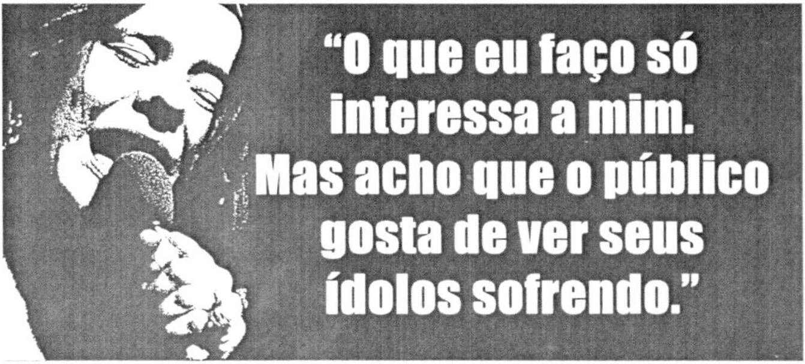

mente". Portanto, segundo aquela definição descobri que era otimista. Mas me considero uma pessoa cínica. Eles me chamaram de pássaro de penas finas a semana passada. "Aí vem o pássaro de penas finas".

David — *Quem disse isso?*

Janis — Oh, um amigo meu. Um de meus amigos malucos.

A entrevistadora se retira, e Janis me pergunta o que eu acho que ela vai escrever.

David — *Sei que ela vai escrever algo bom.*

Janis — Nunca se sabe... Às vezes elas acham que vão gostar de você. Depois você vai até lá e ofende a feminilidade delas. Sabe como é. Nenhuma garota deve se apresentar *desse jeito*. Quer dizer, ajoelhando na frente do guitarrista e gemendo. Sabe como é, deixar os peitos balançarem, e o cabelo embaraçado, sem maquiagem, com o suor escorrendo pelo rosto, daí eu vou até a porra do microfone, cara, e num determinado ponto a cabeça delas desliga, e elas fazem: "Oooh, não!" A gente consegue um bocado dessas coisas. É um barato. Quando se está no palco não dá para ver a multidão inteira. O problema é que o pessoal interessante geralmente está na parte de trás, porque não tem dinheiro... as poltronas da frente são para os ricos, os filhos dos doutores locais e suas namoradas do clube de campo. Eles é que estão sentados ali, cara, com os joelhos bem juntinhos. Sabe como é, só cruzar as pernas nos tornozelos, manter a cinta-liga apertadinha, e sentar com as mãos no colo. E eu lá em cima, cantando, fazendo: "Cha-cha-boom-quack-quack", eu olho para a multidão, depois para as fileiras da frente... essas garotas estão com aqueles sorrisos contidos, e a expressão no rosto delas é de horror absoluto. Elas nunca viram nada como aquilo, e não querem ver outra vez, cara. As gatinhas lá em cima, se sacudindo todas, e dizendo: "O que acham disso, caras?" e os caras: "Aaaaagh!" As garotas: "Meu Deus, ela canta bem, mas precisa se comportar desse jeito?" Fui criada assim, cara. Sei exatamente o que se passa na cabeça daquelas cadelinhas. Elas não gostam de mim. Mas não é a maioria. Acho que a maioria do pessoal que se dá ao trabalho de comprar um ingresso está pronta para cair no *rock*.

David — *Metade das garotas no público aí atrás de você.*
Janis — É, mas esse é o problema... as luzes, você não consegue vê-las.

David — *Muitas delas se identificam de verdade com você.*
Janis — Nas minhas apresentações, a maioria das gatinhas está procurando se liberar. Elas acham que vou mostrar como fazer isso, como conseguir. Mas as que ficam bem à minha frente são as cadelinhas dos clubes de campo. Sempre são. É tão esquisito tocar para catorze cintas-liga. Muito estranho. Esse é o problema no palco. Você não pode enxergar. Eu geralmente ficava muito aborrecida quando eles ligavam as luzes da casa, e isso podia esfriar o *show*. Mas eu reparei, no ano passado, que não é verdade. Você liga as luzes da platéia, com um público meio tímido, na hora em que eles

enxergam os outros levantando e curtindo, eles diziam: "Que se dane!", e todo mundo levantava e começava a suar. Eu achava que, com as luzes acesas, eles não iam conseguir se ligar no som. Mas agora sei que quando eles vêem uns aos outros curtindo, curtem ainda mais. O fato de eu estar em pé ali, parecendo pequena e humana, como acontece quando as luzes estão ligadas, não importa nem um pouco. Eles têm muito medo de *shows*. Portanto ficam lá, levantam, aplaudem, batem os pés... na verdade ninguém pode me ver porque o palco está escuro... as luzes estão neles, e eles: "Vamos lá!". Então eu sei que foi um sucesso.

Acredito muito em mágica. Voei através do país para ver Otis Reding por dez minutos. Eu iria assistir ao Little Richards em qualquer lugar. Iria ver Tina em qualquer lugar. Porque eles *trabalham*, eles *acontecem*, eles são *elétricos*, são *excitantes*, eles suam por você. Porra, eles são tão grandes, cara, eu os amo!

David — *Otis era grande, mesmo. Quando ele pisava no palco era como um raio de luz.*

Janis — É o que eu digo aos rapazes. É nisso que a banda de Sly é boa... o que a gente vê lá em cima é ritmo. Você faz: "Chug-a-chug-a-chug-a-chug". Bem, com aqueles conjuntos bons, você não só sente o ritmo, não só escuta, mas também enxerga. Como Otis: sempre que andava, andava dentro do tempo... "Got-to-get-may-got-to-chug-a-chug". Sly também faz isso... "Mais alto, mais alto". Eles se mexem, tornam a música visível. Você sente que seu cérebro inteiro é só ritmo 1-2-3-4.

Uma tarde bebendo a sério

(Uma pequena fatia da vida real)

Janis — Eu estou aqui há uma hora e meia. Cara, eu fiquei chocada, pensei que tivesse de tomar iogurte ou algo parecido. A que horas abrem os bares nessa cidade? Às onze?

Sr. A — Às dez.

Janis — Isso sim é que é ser civilizado!

Sr. A — Amanhã a única coisa que se pode arranjar é cerveja.

Janis — Amanhã estarei no Kansas.

David — Você está ótima hoje, Janis, quase... *medieval.*

Janis — Parece que tive uma "ótima" noite...

David — É, desculpe não ter ido àquela festa, eu... fiquei muito louco e...

Janis — Não foi bem uma festa, cara. Foi só a baderna depois-de-tocar-todas-as-bandas-no-mesmo-motel de sempre. Nem uma tiete à vista. Eu era a única gata por lá, é não consegui nem um pouco de ação!

David — É uma pena.

Janis — Não é à toa que eu estou tão louca da vida!

Papo de bar nº 1

Sr. A — Johnny e eu fomos até lá e chutamos o traseiro do Roger Miller. Chutamos o traseiro dele, estou dizendo!

Sr. B — Que Johnny?

Sr. A — Johnny Cash, cara. Já ouviu falar de Johnny Cash, não ouviu? Ele é simplesmente o maior cantor no raio deste país no momento.

Sr. B — Isso na sua opinião.

Sr. A — Que diabos, ele consegue cantar qualquer coisa. *Gospel*, *country*, baladas, *rock and roll*. É só dizer.

Sr. B — *Soul.*

Sr. A — O quê?

Sr. B — Você me pediu para dizer uma coisa que ele não pudesse cantar e estou dizendo que gostaria de ver Johnny Cash cantar música *soul.*

Sr. A — Do que é que você está falando, ele canta *soul*! Você não ouviu o disco que ele e June Carter gravaram?

Sr. B — Não. Acho que esse eu nunca ouvi.

Sr. A — É a coisa mais *soul* que já escutei.

Sr. B — Mesmo assim, não é música *soul* de verdade, cara. Queria ouvi-lo cantando *Hot Pants.*

Sr. A — Quem ia querer...

Sr. B — Mas é exatamente o que eu estou dizendo, entende?

David — Ele pode não cantar *soul*, cara, mas ele é grande mesmo assim.

Janis — Preto e branco, branco e preto! Aqui vai uma fatia da vida real para vocês, amigos! Deixe-me dizer o que acho... Eu vi esse *show*, o Johnny Carson Show, uma vez, e resolvi que queria estar nele. Sabe como é, a maioria dos *shows* é mesmo uma droga, como se estivessem vendendo gotas de chuva de plástico... e lá estava Johnny, encarando aquela coisa, esse tubo multidirecional, falando de coisas que o machucavam, coisas que machucam a gente. Dizendo as coisas como são, cara. Falando sobre a verdade, cara, e eu estava sentada lá, de repente "Uauu!", e no minuto seguinte eu saí, liguei para o escritório, e disse: "Albert, Albert, me ponha nesse *show* antes que o cara vá embora!" Muitas partes do programa parecem aquela velha porcaria do velho Grand Ole Opry, que começa com "Oi, pessoal!", mas quando ele olha para a câmara e começa a dizer "Quando eu tinha dezesseis anos, cara, eu fazia isso e aquilo... "— os olhos dele não desviam dos nossos. O efeito é tão real, que a gente pensa que o gato está falando mesmo com a gente, sabe? Eu prefiro aparecer no *show* dele do que no Ed Sullivan Show. Já fiz, e é uma enganação, cara.

Papo de bar nº 2

Janis — A gente trabalha duro e acaba chegando a um ponto em que se é aceito, e a gente se vende. A gente opta por uma imagem. Mas... só se pode vender uma vez! Bem, no que me diz respeito, Tom Jones poderia ter sido um verdadeiro peso-pesado no mundo da música. Quero dizer, ele iria significar alguma coisa no mundo da música. Ele tem *mesmo* todo esse talento. Ele se vendeu no momento que vieram até ele, em vez de deixar seu talento crescer. Não, ele fez a escolha muito cedo. Cedo demais!

Sr. A — Existe um outro lado dessa moeda.

Janis — Pode ser que eu não saiba do que estou falando. Ele se vendeu cinco anos antes da hora.

Sr. A — E por que não?

Janis — Ele é um cara legal... desbancou James Brown. Mas Tom Jones poderia ter sido o maior cantor do mundo. Ele tem talento para isso. Poderia ser o cantor *definitivo*. O que quero dizer é que ele poderia ter sido o Jimi Hendrix do mundo *pop*! Coragem.

Sr. B — Pois ele está ganhando todo o dinheiro do mundo bem agora.

Janis — Jimi Hendrix também, cara.

Sr. A — Mas ele poderia ter ganhado ainda mais. Quanto você está ganhando atualmente?

Janis — Estou fazendo uns trocados pelo caminho. Sentada aqui, batalhando umas bebidas.

Sr. B (*em tom sério*) — Ei, fale baixo aqui! As pessoas podem ficar com a impressão errada.

Sr. A — Pelo amor de Deus! Não se "batalha" só "uísque com Coca-Cola".

Janis — Não preciso agüentar esse papo de vocês, caras, pretendo pagar minhas bebidas. De qualquer forma, estava só brincando...

"A única coisa que se tem e que realmente vale são os sentimentos. Isso é que é música para mim."

Papo de bar nº 3

Sr. A — Ei, você *conhece* Tom Jones?

Janis — Conheço, fiz um *show* com ele uma vez. Ele é baixinho.

David — Tom Jones é baixinho?

Janis — Da minha altura, meu bem. Ele parecia da minha altura. Tem ombros largos e acha que é durão. Ele sempre dá em cima das gatas no *show* porque tem uma mulher grande e gorda há quinze anos. Assim eu levei algumas das minhas amigas "da pesada" lá da Califórnia. Tinha mesmo umas gatas demais, assim como eu...

Sr. A — Lésbicas como Janis?

Janis — O queeê?!

Sr. A — Lésbicas como Janis?

Janis — Eu não disse isso.

David — Ela não disse nada disso.

Janis — Bem, esquece... Estávamos todas deitadas, bebendo Ripple e dizendo "hmmmm!", e ele ficava andando por ali, fazendo esses joguinhos. Estava paquerando uma gata violinista com uns quinze pares de cílios postiços, o cabelo duro como uma taboa, cinturinha de vespa, sabe como é o tipo, o sujeito tinha um gosto muito estranho. Fiquei olhando para ele, que estava falando assim: (*sotaque inglês afetado*) "Olá, boneca, qual é o seu nome?", usando aquelas coisas velhas dos anos de 1950. Finalmente, depois do *show* eu cheguei perto dele e disse: "Sabe qual é seu problema, cara? Já saquei o seu problema..." Eu já tinha bebido o suficiente para dizer aquilo. Eu disse: "Você não gosta de ficar com uma mulher. Você só quer conquistar uma, só até convencê-la. Pois bem, fique sabendo que isso não vai acontecer mais, porque as mulheres, acredite ou não, gostam tanto quanto os homens, ou até mais".

Sr. A — Mais! Mais!

Janis — Eu disse: "enfrente a realidade, cara, o que você devia experimentar é uma gata *hippie*, porque elas sabem o que querem, e gostam, cara". (*sotaque afetado*) "Oh, eu não poderia. Muito obrigado." Então eu disse: "É um pouco tarde para você, meu bem!"

Sr. A — Ele é o símbolo sexual impotente.

Janis — Oh, ele provavelmente é potente, só que ainda está com aquela onda de macho. Embora esteja dando má fama aos machões.

Sr. A — É o que você faz que assusta os caras. Você os intimida.

Janis — Mas eu não represento *todas* as garotas *hippies*. Eu disse que ele experimentasse uma garota *hippie*, não a mim. Porque se eles "sacarem", não vão encontrar nada que assuste. A idéia de que a garota pode saber mesmo o que está fazendo e *querendo* "aquilo", o fato de que ela possa estar "curtindo" tudo aquilo, é que os assusta. Eles querem aquela coisa cheia de culpa: "Estou machucando você, estou fodendo você, estou fazendo mal a você, e estou fazendo tudo isso com minha força, minha vontade e meu pinto". É uma coisa machista. Claro.

Sr. A — Mas por aqui nem mesmo os cabelos compridos das garotas conseguem isso. Você precisa entender sobre o que estamos falando. Isso aqui é o Kentuchy, pelo amor de Deus! Não é uma comunidade *hippie*!

Janis — É mesmo?

Sr. A — Agora, deixe contar o que eu fiz. Vinte anos de casamento, então eu saí, e encontro essa coisa...

Janis — Coisa?

Sr. A — Essa coisa toda que está acontecendo. E arranjei alguém para morar comigo.

Janis — Homem ou mulher?

Sr. A — Mulher.

Janis — São as melhores.

Sr. A — Não sou um "tarado". Sou honesto *de verdade*. Mas sabe como é, minha companheira de quarto me dá uma noite por semana para pegar tudo o que eu puder conseguir.

Janis — Pois pegue enquanto pode!

Sr. A — Ela diz: "Você sai uma noite por semana e pega tudo em que conseguir botar as mãos". Isso a torna adorável!

Janis — Onde você acha que ela está agora? E o que você acha que ela fica fazendo enquanto você está fora "mandando brasa"?

Sr. A — Se ela conseguir alguma coisa, e se fica feliz com isso... tudo bem.

Janis — Eu bebo a isso.

Sr. A — Não me incomoda. Deixe que ela fique com o que puder pegar.

Janis — Não, cara. Posso te contar uma coisa que aprendi com um gato um tempo atrás? Eu estava ocupada, contando como esse cara me pegou e depois me largou. Então esse gato, que era meu caso na época, disse: "Escuta aqui, gatinha, quando alguém desiste é porque já acabou. E ninguém tira nada de você. Não é como um pedaço de torta".

Nenhuma garota conquista um gato. Tanto quanto eu sei, a gente apenas usa eles. Quando você enjoa, ainda está com tudo que tinha quando começou, só que mais feliz.

Sr. B — É isso aí. Na mosca!

Janis — Não estou na mosca.

Sr. A — Então não está conseguindo o suficiente, moça. (*a vitrola automática toca* Don't Let me Down)

"Eu queria ser uma pessoa comum, uma pessoa da rua, uma pessoa qualquer."

Janis — Não me abandone, mesmo!

Sr. A — O que é isto que está tocando?

David — Não abaixe o astral, cara...

Janis — E não me rebaixe, também, senão mato você. (*risos*) Não sei por que continuo dizendo isso... nunca bati em ninguém durante toda a minha vida, cara.

Papo de bar nº 4

Sr. B — Sou um dos freqüentadores mais assíduos desse hotel e não sabia que você vinha aqui.

Janis — Pois eu vou dizer uma coisa, cara, ninguém nesse lugar sabe quem diabos sou eu... nem se importa. O *barman* de oitenta anos não liga a mínima. Ele é obrigado a me servir por causa da lei de direitos civis, isso é tudo. Eu não me importo. Eu estava num bar na semana passada... tentaram me atirar para fora porque o gato que estava comigo estava sem paletó. Chegou a um ponto no qual eles não queriam a gente ali. Eu sentei e tomei uma bebida, coloquei uma nota de cem dólares em cima do balcão e "dei no pé". Eu simplesmente adoro poder fazer isso. Não podia fazer algo assim há algum tempo. Eu costumava pedir: "Ah, 'quebra essa', cara!"

Sr. B — Quero que conheça minha mulher...

Janis — Posso dizer uma coisa?

Sr. B — Ela não quer que eu cante mais. Eu tocava com John Taylor. Sou bom nisso.

Janis — É mesmo?

Sr. B — Na minha casa, não posso fazer nada lá... Tenho trinta e cinco anos, entende?

Janis — Ele é mais velho do que eu, sacaram? (*risinhos*)

Sr. B — Então ela disse: "Al, você vai lá e faz suas fotografias, componha-se". Um emprego só. Só isso. Viajei minha vida inteira. Tinha um conjunto, um monte de discos incríveis.

Janis — Volte um pouco seu raciocínio. Havia uma coisa que eu queria dizer, era muito importante para mim, era importante... pelo menos parecia.

Sr. B — Você é do conjunto dela?

David — Não, eu...

Sr. A — Está fazendo um estágio de residência. Eu escrevo suas falas, certo, filho?

David — Na verdade sou da *Rolling Stone*.

Sr. B — Vocês todos já tocaram em Milwaukee?

David — Não, infelizmente não sou Charles Watts...

Janis — É uma revista sobre *rock and roll*, e ele está escrevendo um artigo sobre mim na *Stone*.

David — Eu preferiria participar dos Rolling Stones.

Janis — Na verdade não preferia não, meu bem. Sobre o que eu estava falando? Consegue lembrar, meu bem?

Sr. B — Veja bem, eu estou tentando comprar uma fazendinha. Não é para trabalhar a terra, sabe? Só preciso de uns 15 acres, uns cavalos. Sabe, a minha mulher, ela adora cavalos...

Janis — Meu Deus! Isso é papo de bar. Adoro um papo de bar, cara! Tem quatro pessoas falando, ninguém prestando atenção aos outros, alguém está constantemente ofendido, outro gato sempre interrompendo com um monólogo sobre seu carro ser tomado de volta pela financiadora ou algum outro assunto de grande importância: "Então eu disse ao sujeito..." e mais uma terceira pessoa sempre pedindo desculpas. Esse gato deve estar dizendo: "Sinto muito que há um minuto atrás eu tenha..." E falar sobre *cinema vérité*! Os bêbados são todos parecidos. Reclamam, reclamam, reclamam sem parar, e a cada quinze minutos estão com os braços ao redor do outro, dizendo: "Desculpe, desculpe, você é o melhor amigo que eu já tive".

Sr. A — Você sempre pode "dar no pé", moça.

David — Ei, cara, seria um crime que ela fosse embora, ela faz tantas pessoas felizes...

Janis — Não estou falando sobre isso, cara. Estou falando sobre confrontação pessoal. Isso é uma coisa de que não gosto... estrelismo. Não estou tentando dizer: "Sou importante, me deixem em paz". Estou falando de forma pessoal. Estou dizendo: "Pago minhas próprias bebidas, não me encham o saco". Esses caras no bar, me tratando diferente só porque meus peitos estão aparecendo, minhas pernas...

Sr. A — Sabe, gostaria de ver seus peitos...

Janis — Vá se danar! Vá se danar! (*para a garçonete*) Se você já pediu a conta, pode ir buscar que eu assino.

Garçonete — Ele já pagou.

Janis — Uuuuuh, meu bem. Você é uma gracinha. Sabe mesmo como fazer uma garota feliz. (*risinhos*) Uau!

David — Ah, é papo...

Janis — Eu pago por tudo... cigarros, bebida. Ninguém nunca tinha dinheiro, a não ser eu. E acho que tenho mais dinheiro do que todos aqui.

Sr. A — Ei, essa conversa está sendo gravada?

David — Não interessa se está sendo gravada ou não. Está acontecendo.

Janis — Vamos dizer que nossa mente junta seja esperta o suficiente para lembrar do que você está dizendo, com ou sem gravação. No confronto com as pessoas, simplesmente não faz diferença, cara. Sacou isso? "Caia na real", cara. Não se pode ser outra coisa.

Sr. A — Muito bem, pode me dar um cigarro e podemos transar?

Janis — Esta tarde não, acho que não.

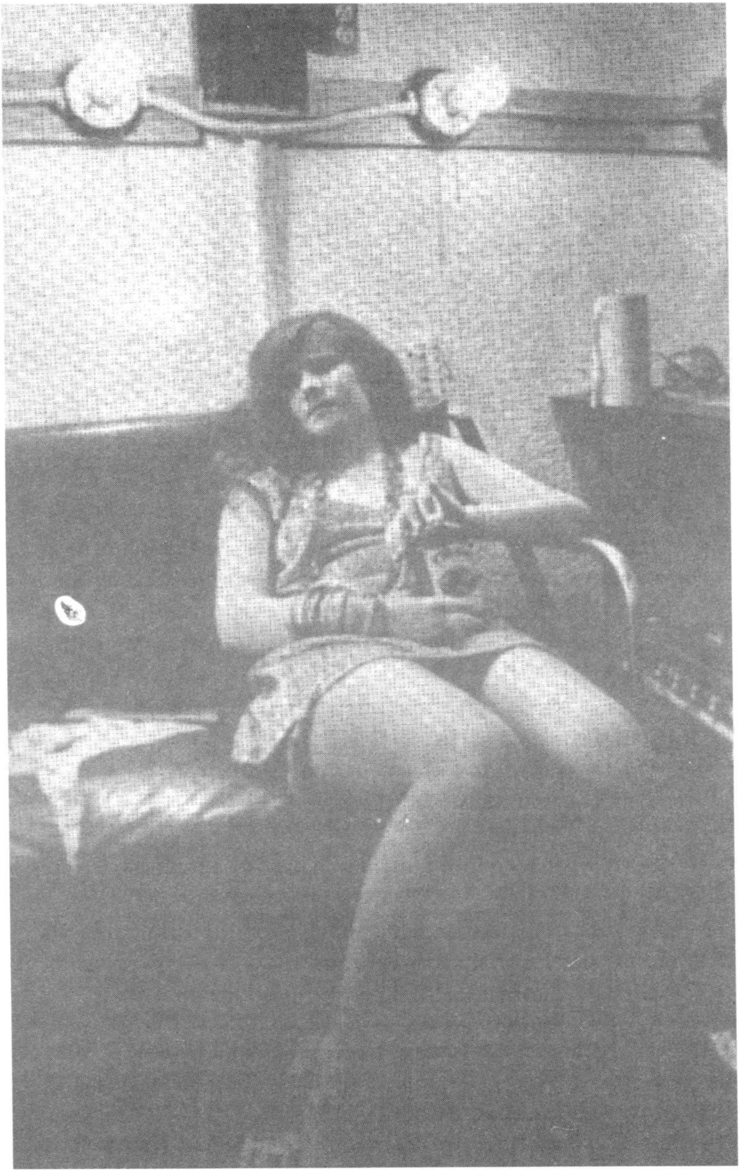

Depois de "fazer amor" com milhares de adoradores no palco,
a solidão dos camarins.

David — Dá um tempo, cara. Eu estou dizendo isso para você.

Sr. A — Pois eu vou lhe dizer uma coisa: não pretendo ir para casa sozinho.

Janis — Uiiii! (*gritando*)

Sr. A — Agora, está dizendo que pode ir aonde quiser? Fazer o que quiser a qualquer hora, em qualquer lugar que se esteja?

Sr. B — É um país livre, cara.

Janis — Isso é novidade para mim!

David — Mas a vida é assim!

Sr. A — Ainda não é tudo.

Janis — Agora lembrei o que queria dizer. A gente estava falando sobre entrar aqui e ser maltratada. Fui maltratada desde a hora em que pisei nesse lugar.

Sr. B — Mas, querida, você é uma ce-le-bri-da-de.

Janis — Isso é bobagem das pessoas. Não tem nada a ver com o papel da gente ou a nossa ocupação na vida, sendo a minha a de estrela da música *pop*. O que significa uma estrela para um *barman* de oitenta anos? Não significa porra nenhuma, sabe?

Sr. A — Você é anormal ou alguma coisa parecida, é isso que está dizendo?

David — Ei, "daonde" vem você, parceiro?

Sr. A — Sou de Nova York.

David — Mentira!

Sr. A — Isso não é jeito de falar com alguém que está bebendo com você.

David — As pessoas se insultam o tempo todo em Nova York. Vai dizer que nunca reparou?

Janis — Calma! Calma! (*risos*) Eu adoro isso!

Sr. B — Eu sabia, quando detalhou tão bem a coisa para mim, que você devia ser do tipo de cara que lê.

Janis — Isso está melhor do que um jogo dos Mets. Puxa, que manhã! (*risos*)

Sr. B — Mas você, cara, precisa entender essas pessoas por aqui. Você é de Nova York, mas essas bandas de cá ainda estão no século XVIII.

Janis — Fiquei sentada aqui por uma hora e meia. Nem uma alma solitária veio falar comigo. Não podiam me jogar para fora, portanto os gatos no bar só ficaram sentados, olhando para mim...

Sr. A — Eu pensei que você era um desses *hippies*, sabe como é...

Janis — Mas eu *sou*.

Sr. A — Bom, achei que era mais uma garota *hippie*. Como ia saber que você era Janis Joplin?

Janis — Mas acontece que é isso mesmo que eu sou, cara, só mais uma garota *hippie*. O que eu faço para viver não tem nada a ver com isso.

David — Estou de prova. Eu a vi três anos atrás cantando na traseira de um caminhão.

Sr. B — Eu vi você lá, também. Mas sou preto, cara, sacou? E nenhum sujeito preto vai aparecer e "dar em cima" de uma gata branca num bar por aqui...

Janis — Não estou falando sobre "dar em cima" de mim, cara...

Sr. A — Sabe de uma coisa? Você é uma garota muito estranha.

David — Olhe aqui, ela não gosta que os... amigos "dêem em cima" dela.

Janis — Aliás, eu acho que já vou indo.

Sr. B — Gostariam de conhecer minha patroa? Iriam conhecê-la?

Janis — Bem, não sei... Não gosto muito de mulheres... (*risos*)

Sr. A — Deixa eu adivinhar: ela é branca.

Janis — Qual é o problema, cara, não aceita?

Sr. A — (*para o sr. B*): Escute cara, não estou pronto nem para conhecer você.

Sr. B — Neste ponto tem toda a razão!

David — Mas precisa estar pronto, como diz aquela música.

Sr. B — "Vamos todos estar lá (*cantando*) "Naquele trem..."

Janis — Faço o melhor que posso. É melhor do que ficar me aborrecendo, certo? Melhor do que ficar me sentindo fracassada em Louisville, Kentucky.

Sr. B — Nós... como é mesmo seu nome?

Janis — Janis. Janis Joplin.

Sr. B — Nós voltamos da nossa lua-de-mel há três semanas.

Janis — Claro, eu adoraria conhecer sua esposa.

Sr. A — Ficaria honrado em conhecer sua esposa.

Janis — Diga a ela para dar um pulo até aqui, que eu pago uma bebida para ela.

Sr. A — Não fale assim, estou com a fotografia da minha garota na carteira!

(*A garçonete sussura algo para Janis, que cai na risada*)

Janis — Vocês não acreditam no que ela me contou agora (*mais risadas*). Não vão acreditar, mas nossa garçonete acaba de contar a piada mais suja! Acabou de sussurar no meu ouvido: "Já ouviu aquela sobre a garota que tomou um banho com LSD, alúmem, e com as galinhas do Coronel Sanders?" Eu disse: "Não". Ela disse: "Pois ficou muito louca, durinha e boa de lamber!" (*risos*) Ah, o Sul, cara!

Sr. B — Meu sobrinho... claro que ele está trabalhando hoje, mas ele toca violão melhor do que todo mundo que você já ouviu. Toca um contrabaixo balançado, também...

Janis — Essa vai ser mais uma daquelas conversas de bar completamente malucas e incontroláveis.

David — Eu estou dentro da realidade, Janis, e adoro você.

Janis — Você devia estar escrevendo um artigo sobre mim, cara. Dane-se a realidade.

A última entrevista

"Eu compus *Kozmic Blues* com um K — é uma viagem muito desesperada para ser levada a sério, tem de ser como uma piada do Crumb, senão não dá pra agüentar. Kozmic Blues quer dizer que não importa o que você faça, não vai ganhar a guerra. Antes, as pessoas me diziam que eu era infeliz porque estava na adolescência, mas que um dia tudo ia ficar legal. E eu acreditava. Primeiro achava que quando o homem certo aparecesse, seria a hora, depois que quando eu pudesse 'trepar' em paz, depois que se eu conseguisse algum dinheiro, etc.

Até que um dia, sentada num bar, entendi de repente que nunca ia acontecer nada, que nunca ia ficar legal, que o tempo todo tem alguma coisa errada, sempre, só muda o problema. Não era um prazo de espera, era toda a minha vida."

"Não sei se estou sendo insensível se disser que o *blues* do negro é sempre baseado na falta de: 'Estou triste porque não tenho mulher, porque não tenho dinheiro, porque não tenho isso ou aquilo'. E não é o que está faltando que faz você infeliz, mas o desejo específico por alguma coisa que não pode conseguir. Não é o nada, o não-ter; é o querer. O que você gostaria que fosse é que o torna infeliz, que traz o vácuo e o vazio. Por isso eu bebo."

"Tenho um baterista que pode me fazer até 'subir nas paredes'. Perguntei a ele onde tinha aprendido a acompanhar um cantor daquela maneira, e ele disse: eu acompanhava *strip-teases*. É assim que se aprende."

"Todo mundo já esteve apaixonado e foi abandonado, e todo mundo já teve alguém que o amou de verdade e ao qual não foi capaz de amar". E isso é dor e é sofrimento, e é dessas coisas que eu falo quando canto, preciso acreditar nas palavras senão não consigo cantar. E lá estou eu expondo a minha alma, meus sentimentos, tudo o que tenho por dentro,

e se olho a platéia e eles não estão entendendo, é como um soco na cara."

"Eu costumo ter problemas nos bares por causa de minha aparência. Nesses casos, você pode ficar furiosa e ir embora, ou mostrar a cor de seu dinheiro e obrigá-los a engolir você. Mas todo mundo que parece esquisito é maltratado. As pessoas ficam assustadas porque você está numa diferente da deles. Eles pensam: "se eu não posso usar essas roupas, como é que ela pode?"

"As mulheres então, são incríveis, não admitem que outra mulher não ligue para as barreiras que elas têm; ficam insultadas. Você sabe, sem maquilagem, o cabelo despenteado, roupas esquisitas, peito aparecendo. Elas pensam: ela pode saber cantar, mas não precisa se comportar dessa maneira horrível.

"Nos meus concertos as garotas sempre procuram liberação e acham que eu vou mostrar o caminho. Mas na fila da frente ficam sempre as grã-fininhas, as putinhas reprimidas e decorosas que ficam esperando todo mundo estar dançando e gritando, para elas poderem gritar também. Quando elas chegam num certo ponto, sei que estão prontas mas não têm coragem, precisam um chute na bunda para se levantarem também. Aí dou o chute na bunda delas. Eu fui criada com elas, sei exatamente o que elas têm naquelas cabecinhas estúpidas. No interior, então, as pessoas nem sabem que existe outra maneira de viver, além daquela que papai aprova. Se você consegue chegar neles ao menos uma única vez, fazêlos ficar de pé quando queriam ficar sentados, ficarem sentados em vez de decorosos, gritar em vez de aplaudir polidamente, então acontece alguma coisa dentro da cabeça e eles pensam: talvez as coisas sejam diferentes, talvez eu possa fazer qualquer coisa. É isso que o *rock* é, ligar essa chave na cabeça das pessoas. Você pode não ser feliz, mas vale a pena, eu vou tentar. É como cometer um suicídio no dia de seu nascimento, se você não tenta."

"Quando canto é como se estivesse tendo relação sexual com toda a platéia; o problema é que quando a música acaba, eu volto sozinha para o camarim."

"Música não é só deixar os sentimentos saírem à vontade, precisa de uma organização, uma linguagem que os outros entendam, porque não se canta para si próprio, mas também para os outros, e você deve dar a eles um recado bem-feito e compreensível."

"As pessoas me perguntam onde aprendi a cantar desse jeito — eu não aprendi, cara. Só abri a boca e saiu tudo o que eu tinha aprendido na vida, toda a dor. Você não pode fingir uma coisa que não sente. Para uma mulher é mais duro, porque ela tem de abrir mão de quase tudo para ser uma cantora. Uma mulher canta sua alma, realmente. Em geral abriu mão de filhos, de um homem, de um lar. Para uma mulher cantar, é porque ela queria demais, porque tem de pagar um preço muito alto por isso. Muitos músicos são casados, viajam, têm outras mulheres, se divertem, e quando voltam para casa está tudo lá, à espera deles. Mas qual é o homem que vai querer uma mulher como eu, e deixá-la fazer o que ela precisa fazer? Esse é o problema. Eu não quero um capacho, quero um homem que seja mais forte e maior que eu. E na minha profissão isso é difícil, porque os homens de verdade não estão rondando camarins, estão cuidando de sua vida. Nos camarins só tem os garotos e os derrotados. E isso dá ainda mais *soul* à cantora, e ela fica mais famosa, é um círculo vicioso."

"Só eu cuido de minha vida. O que eu faço só interessa a mim. Mas acho que o público gosta de ver seus ídolos sofrendo. Especialmente cantores de *blues*. Eles ficam assim: — Oh, Billie Holliday é *junkie*, veja só, morreu, ooohh! Eu digo que não vou dar esse gosto a ninguém. Estou aqui para me divertir e vou fazer o máximo para curtir a vida ao máximo."

"Nos anos de 1950 só o que importava era cantar bonitinho, certinho. Agora é diferente. Cantar *blues* ficou como um desabafo, eu ali podendo gritar e dizer para as pessoas: eu sofro, eu estou ferida, eu choro."

"Essa coisa que aconteceu comigo, você sabe, esse negócio de sucesso, não comprometeu a posição que tomei há muito tempo no Texas: de ser verdadeira comigo mesma, de ser a pessoa que eu sou lá dentro e não representar esquemas e arquitetar planos. E isso é o que mais estou tentando, para mim e para os outros. Não me enganar e não enganar ninguém. Ser sincera comigo... ser real entende? E até certo ponto eu estou tentando... eu estou fazendo... sabe? Eu sou assim. Eu não estou fazendo como certas pessoas, eu não estou indo cantar em Las Vegas ou algo assim, eu continuo apenas sendo a Janis. Suponho que é porque nunca premeditei entrar no *show business*, pôr uma "carinha legal" e sair por aí, entende? Então eu posso sentar aqui e lhe dizer a verdade. Eu não faço o jogo porque nunca quis fazer jogo comigo e com ninguém. Por isso eu posso ficar deprimida, cansada, alegre, triste ou qualquer coisa que estiver acontecendo comigo."

"Sabe o que eu mais quero? O que eu não agüento esperar? Quero ver daqui a uns cinco anos. Porque eu comecei de música rudimentar, mas os garotos de hoje têm uma base mais incrível, têm a liberdade completa que o *rock* tem, que o *rock* conseguiu. Eles cresceram ouvindo o Jefferson Airplane, Grateful Dead, Miles Davis, todo mundo... Ah, mal posso esperar para ver o que essa garotada vai estar tocando daqui a cinco anos. Só espero estar por lá nessa época. Quero cantar com eles. Ou pelo menos ter grana para ir vê-los tocar."

No paradoxo da sua maneira de ser, nas condições de sua vida estava o sentido de tudo, a lógica trágica e precisa da culpa.

JANIS JOPLIN
Por Outros

Enterrada viva

Myra Friedman

Pouco depois de eu ter conhecido Janis e quando estava colhendo dados junto a ela para fins de publicidade, lembro-me de que uma vez conversamos sobre o seu passado, num grande restaurante nova-iorquino.

— Como foi que eu me juntei ao Big Brother? — murmurou ela. — Bem, Chet Helms mandou Travis Rivers me buscar. Costumo dizer que queria sair do Texas, mas não foi bem isso o que aconteceu. Eu não queria sair de lá — disse Janis, erguendo repentinamente a voz. E, espaçando bem as palavras, para que ninguém no restaurante as perdesse, acrescentou: — Mas ele era tão bom de cama! Como é que eu podia deixar de ir?

Janis perpetuou essa história nas suas entrevistas a David Dalton, insistindo em que não era estrela e dizendo-lhe que "tinha pulado pra cama do Big Brother".

Na época em que tomou a decisão de sair de Austin, ela disse o mesmo a Jim Langdon.

— Nas suas próprias palavras — contou-me ele — a

razão pela qual ela ia embora era que havia muito tempo não pegava um cara bom de cama como Travis!

Travis podia ou não ser "bom de cama", mas a verdade é que isso nada teve a ver com a decisão de Janis de deixar o Texas. Sua ambição — uma ambição persistente, obstinada, esforçada — foi a mola propulsora. Uma ambição evidente nas suas conversas com Bernard Giarritano[1]; nas suas cartas a Jim Langdon; e, principalmente, nas suas conversas telefônicas com Chet Helms. Sua única relutância era o medo das drogas.

— Quando Travis chegou lá — lembra Chet — ela me telefonou de Austin, querendo saber se ia mesmo ingressar no conjunto.

— Chet, tudo legal? — perguntou — Será que vai dar certo?

— Escute — replicou ele —, sei que você está pensando que vai encontrar toda aquela gente com quem você tomava "picos", mas posso lhe garantir que a maioria já está noutra. Há um novo renascimento, uma beleza! Antes o mundo ainda não estava preparado, mas agora está e você não pode participar dele ficando aí, em Austin.

Janis pediu apenas que, se as coisas não dessem certo, Chet lhe comprasse uma passagem de ônibus de volta. O pretexto da sedução de Travis, usado para ir ao encontro das necessidades dos outros, que ela às vezes intuía perfeitamente, foi uma burla arquitetada.

No dia 27 de maio, Janis consultou Bernard Giarritano pela última vez e, pouco tempo depois, disse aos pais que ia embora. Foi nessa ocasião, segundo sua mãe, que Janis expôs os seus bem calculados planos para o futuro:

— Ela tinha lido uma coisa que Langdon havia escrito, parecida com o Flautista de Hamelin. Não quis que saísse

---

[1] O seu psicoterapeuta. (N. do E.)

"Eu gosto da música, quando ela penetra na minha alma."

ressentida, de modo que fui com ela até o carro e ela disse: "Mãe, pensei um bocado nisso. A única maneira de poder esperar algum sucesso é escolher um tipo de música que não seja igual à de todas as boas cantoras. O tipo de música em que há menos cantoras boas é o *blues*. Vou ter de tentar esse estilo e vou ter de assimilá-lo bem para poder vender, do mesmo modo que papai assimilou o petróleo na sua vida!"

Os *blues* adequavam-se perfeitamente à alma atormentada de Janis; sua personalidade parecia ter sido feita para cantá-los. É estranho que ela tenha falado dessa maneira com a mãe. Por outro lado, levando-se em conta a sua ambição, Janis bem pode ter dito algo parecido. Além disso, pelo menos até então Janis não tinha desdenhado outros estilos.

— Não me parece — concorda Bob Clark — que a sra. Joplin estivesse apenas se vangloriando quando disse que Janis poderia ter sido o que quisesse!

Seja o que for que ela tenha dito à mãe, Janis partiu com palavras de encorajamento e voltou com Travis para Austin, a fim de anunciar a sua decisão aos amigos texanos. Nenhum ficou entusiasmado. Alguns achavam que ela precisava de mais tempo para recuperar o equilíbrio. Jim Langdon já lhe tinha arranjado algumas apresentações em Austin, que ela agora não poderia cumprir. De modo geral, os amigos achavam que as coisas deveriam ser feitas de maneira mais *standard*.

— Sabe como é — sorri Dave Moriaty —, todo mundo pensa assim, embora não seja desse jeito que realmente se consiga fazer alguma coisa.

Janis saiu de Austin no dia 30 de maio de 1966, com Travis e um carro cheio de pessoas. No dia 31, em viagem, escreveu a seguinte carta a Linda Waldron Godfried, que estava no Havaí (a carta nunca foi posta no correio):

"Linda!

Puxa, você nem imagina onde eu estou! Ah, tou sentada no banco traseiro de um carro (desculpe a letra)... e a caminho de São Francisco. Bem, nem sei exatamente como foi que aconteceu. Cheguei a Austin e me avistei com um cara que eu conhecia de lá, Travis Rivers, que agora está morando em S. F. Ele trazia uma proposta de Chet Helms, que agora é um dos cobras em S. F., com dois grandes conjuntos de rock and roll *e Bill Hamm faz os* shows *de luzes. Ele usa roupas* mod, *etc., etc. Queria que eu fosse para lá, cantar com o conjunto de* blues *que ele tem. Telefonei para ele esta manhã, ele confirmou tudo e me disse também que, se eu me ligasse de novo no "pico", pelo menos ele me daria uma passagem de volta. Por isso, resolvi ir. Estive falando com o pessoal sobre a cidade — com Travis e com um cara chamado Mark, que é um amigo que eu conheci em Pine Street. Se lembra de Pine Street? De maneira que resolvi ir de qualquer jeito. Falei com todo tipo de pessoas e ninguém me desencorajou! Todo mundo achou boa a idéia! Ah, e eu que tanto queria ser desencorajada! Bem, agora estou neste carro superlotado, com Travis, que é louco mas um pão! (Como um Pat Cassidy menos refinado, sabe como é, não?) É grande e cabeludo e ainda vai um homenzinho de S. F., todo de preto. Adivinhe só pra quem estamos dando carona? Um cara realmente ligado na metadrina (terrível, nervoso, feio e onipresente, cheio de marcas de picos, e às vezes senta junto de mim e é realmente desagradável em tudo — Ai!). Nem bem saí de Austin e já estou ligada! Muito engraçado, sem dúvida — a coisa que eu queria evitar — estava decididíssima! Tinha dito a mim mesma que não precisava chegar perto deles e aqui está ele, perto de mim! Puxa vida, é incrível!*

De qualquer maneira, é inacreditável! Mas a proposta em si parece boa. Quero tentar o rock and roll *e Chet diz que já tem tudo preparado e quer mesmo que eu cante, que os caras do conjunto já me escutaram cantar e acham que vai ser um estouro. Por isso, estou indo.*

Afinal, digo pra mim mesma, é verão — posso fazer de conta que estou aproveitando as férias e depois voltar pra escola.

Vamos ver. Por hora, é demais! Me mudei pro banco de trás, carregada com a minha mochila e assim fico longe do cara e curto a viagem — de novo e até que é bom. Desculpe a letra — é o carro, etc.

Puxa, vida, você vai ter o bebê daqui a um mês? Meu Deus, estou emocionada! Mandei-lhe um presente para o enxoval dele, espero que você goste. Assim que eu esteja instalada, lhe dou o endereço porque quero "realmente" que você me dê notícias e talvez Malcolm pudesse me escrever (acho que não...). — Bem, para eu saber do bebê! Puxa, estou tão excitada!

Vou escrever mais quando estivermos parados e eu puder pensar. Como eu gostaria que você estivesse por perto! Tenho um pouco de medo da cidade, gostaria de ter uma amiga lá. Meu Deus, provavelmente vou visitar os Knolls. Linda, você pode imaginar o frio que sinto no estômago! Puxa, estou morta de medo. Depois escrevo mais..."

Janis marcou na sua agenda que chegou a São Francisco no dia 4 de junho de 1966. Chet tinha razão. São Francisco tinha mudado, e Janis não tinha idéia de quanto. A mágica das palavras de Bob Dylan revolucionara a sua música. A eletricidade a tinha sacudido. Dylan! Os Beatles! Os Byrds! Os Stones! Janis estava estudando para um exame de história na Lamar, quando houve o primeiro baile de *rock* no Long- shoreman's Hall e começou a mudança de North Beach para a área em volta da esquina de Ashbury com Haight e Meca surgiu.

É uma cidade mágica, São Francisco, com parques verdes e encantadores e a mais azul das baías, onde o *fog* forma misteriosos pufes e as brasas do dia aquecem as águas até transformá-las em espelhos de esmeralda e ouro. E a terra dos bondes de brinquedo, das colinas escorregadias e das casas de pão de mel, tudo bonito e limpo ao sol morno da tarde. É a cidade mais fascinante do país, cheia de tradição artística e imbuída de uma grande tolerância para com o não-conformismo. O paraíso dos sonhos.

Os que acreditavam nisso pensavam que podiam amar todo mundo e que a mecanização da sociedade moderna não precisava se estender a todos. Se libertariam da inveja. Limpariam o coração da cobiça. Apagariam as fronteiras do ego a fim de se dissolverem amorosamente na massa. Só abrigariam sentimentos populistas. A arte era um conceito aristocrático, de modo que a vida seria arte e todo mundo artista. Política? Não existiria, exceto a política do êxtase e disso haveria muito, pois a energia seria canalizada para uma explosão dionisíaca do corpo, tornando as coisas outra vez sãs como deveriam ter sido antes que a civilização viesse empurrar o coração para fora do centro sensual da vida. As pessoas se voltariam para o passado, mas tirariam partido do presente: o néon, a eletricidade, os produtos químicos — tudo isso ajudaria a trazer a eles o Reino de Deus.

Era uma experiência que conclamou gente de todo o país. Pertenciam à geração mais rica da história americana, mas mesmo assim não queriam fazer parte do sonho americano. Eram o resultado de um resultado que lhes tinha prolongado a infância e os libertado da pressão de terem de assumir rapidamente os papéis costumeiros a fim de perpetuarem valores costumeiros. Eram também herdeiros de uma edu-

Janis na sua casa em São Francisco.

cação liberal, que lhes tinha estimulado a capacidade de se expressarem e depois os pusera ao largo de uma sociedade que se via obrigada a proteger as suas instituições contra as idéias que essa mesma educação ajudara a desenvolver. Tinham sido criados ouvindo o coro cada vez mais forte da libertação dos negros. Como no caso dos seus ativistas brancos, as condições de desespero que faziam parte da experiência dos negros não tinham nada a ver com as deles. Não obstante, sentiam-se tolhidos por um sentimento de futilidade, por uma alienação do seu *background* de classe média e por um desespero emocionalmente vivo, apesar da ausência de uma verdadeira opressão.

Pobreza, racismo e poluição faziam parte do contexto do país. Sua vida particular parecia não apresentar perspectivas toleráveis. Eram impotentes para acabar com uma guerra que consideravam imoral. Eram produtos do tédio das fazendas e do meio-termo, ou dos desertos suburbanos, com suas pratarias, seus casamentos de fusão e seus oásis de *country club* com piscina. Que podiam fazer com uma sociedade na qual a aquisição de coisas desnecessárias era o fim e a razão de ser da existência? Estavam rodeados de comunidades medíocres, de empregos medíocres, de sexo medíocre, que viam por todo lado, na vida dos seus pais e dos amigos deles. Camelot acabara em Dallas; o movimento dos direitos civis traiu todo mundo.

Os rapazes procuraram, no início, a comunidade de Haight-Ashbury. Sentiam-se desiludidos, frustrados, perdidos ou chateados. Não viam alternativas e não estavam preparados para fazer escolhas. Queriam se rebelar. Mesmo imitando outros. Formavam uma pequena sociedade, "como uma comunidade cristã em Roma" e, se a sua corrente era inteiramente visceral, havia nela muito de espiritual. Foi essa corrente que produziu uma das músicas populares mais maravilhosamente enérgicas e glorificantes que o mundo já conheceu. Trouxe também uma apatia verbal que se tornou

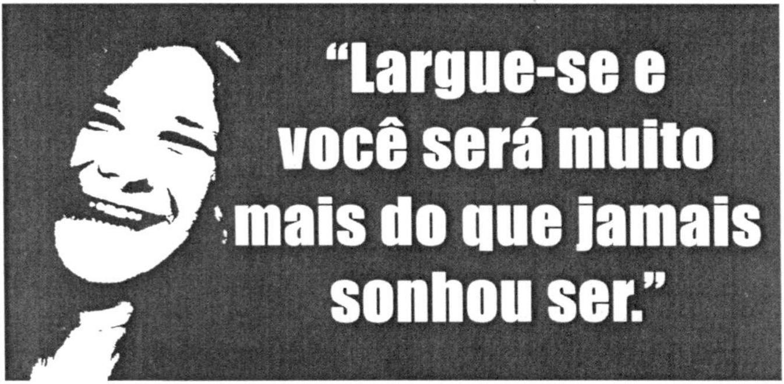

marca registrada da geração *beat* e o uso e abuso de algumas drogas altamente destruidoras.

Segundo Ellen Harmon, de 1961 até pelo menos fins de 1965, São Francisco era a cidade mais bonita do mundo. Ainda não havia excêntricos o bastante para perturbar a administração e São Francisco encarava com paternalismo as aventuras dos seus jovens inconformistas. Se, logo em 1961, houve casos horríveis de vítimas das drogas, essas recordações foram ofuscadas pela saudade dos dias exuberantes que precederam a grande migração *hippie* de 1967.

Nos primeiros anos da década de 1960, Ellen fizera parte de uma comuna urbana, chamada The Family Dog (O Cachorro da Família). Seus membros, ou pelo menos quatro deles, foram os responsáveis pelo grande acontecimento de 16 de outubro de 1965 no Longshoreman's Hall: o primeiro baile *rock* que a cidade conheceu. A música ficou a cargo do The Charlatans, a primeira orquestra *rock* da cidade; do Jefferson Airplane (sem Grace Slick), da Great Society (com ela); e de um conjunto chamado The Marbles, que logo depois desapareceu. The Family Dog organizou outros dois ou três bailes. Depois, Ellen e seus amigos foram para o México e deixaram a organização de bailes em São Francisco a cargo de Chet Helms e de um outro sujeito, muito ambicioso, chamado Bill Graham. Quando Janis chegou à cidade, Chet tinha o Salão de Bailes Avalon; o Big Brother and the Holding Company era o conjunto da casa e ele, Chet, era o diretor. Bill Graham tinha o Fillmore Auditorium, que se tornaria o mais famoso templo do *rock* dos anos de 1960.

Nos primeiros tempos da comunidade de Haight, havia poucos conjuntos de *rock* em São Francisco. Os principais eram o Big Brother, The Grateful Dead, Quicksilver Messenger Service, The Jefferson Airplane e Country Joe and the Fish. Em dezembro de 1966, cerca de 1.500 conjuntos floresciam na área da Baía, todos eles sob a influência dos *blues*. Os *blues* falavam da dor, da urgência e da alienação que davam voz às suas frustrações. Falavam de uma rebelião e de uma sensualidade que perpassava a sua música e o meio que os cercava.

— Eram os mesmos caras — explica um músico — que eu tinha conhecido quando se ligavam nos negros. Como se a gente soubesse que era, mas não quisesse ser branco! Como se a cultura negra fosse realmente sexy e a cultura branca um celibato!

E eram os *blues*, amplificados e transformados pelas cores gritantes e pelas mensagens do ácido, que davam forma ao som são-franciscano. Com a eletricidade queimando a mente, era um som ululante, maniacamente alto, intuitivo e sem polimento, rapsódico e interminável. Igual ao meio-ambiente, era feito para ser consumido, acompanhado de uma confusão de pôsteres, *slides* e luzes que vergastavam o centro do som numa união inseparável. O Big Brother era um choque visual e auditivo, um *rock* cinético, ensurdecedor e total, um símbolo completo. Já era tudo isso quando os seus componentes decidiram usar uma cantora.

Após vários meses ouvindo vocalistas, pensaram em Janis. Dois membros do conjunto já a tinham ouvido e Chet não a esquecera.

Pouco tempo antes de Janis chegar a San Francisco, Dave Getz teve um sonho maravilhoso; a moça que iria juntar-se ao conjunto deles era de uma beleza sem par, acendendo centelhas de paixão no seu peito. No meio desse sonho, havia um momento climático para selar a sua adoração.

Dave era o baterista do Big Brother. Ao contrário do guitarrista James Gurley e de Peter Albin, o baixista, ele nunca vira Janis cantando nos cafés de North Beach. O guitarrista Sam Andrew também não a conhecia. Todos os que faziam parte da família Big Brother — as esposas, as namoradas e as companheiras — esperavam que ela fosse glamourosa.

Janis chegou, feia e gorda, uma moça simples do Texas, com uma pele horrível, vestindo *jeans* surrados e camisas de homem. Usava o cabelo num rabo-de-cavalo puxado para cima, à maneira de Port Arthur. Quando o soltava, parecia o pelo de um gato de rua ao ser picado por uma abelha.

As suas relações musicais também não foram muito boas, a princípio. O ensaio inicial esteve longe de ser uma maravilha, com Janis completamente apavorada e sem experiência do que fosse cantar com um conjunto de *rock*. Evidentemente, a sua voz compensou a falta de um estilo compatível, que todos esperavam que viesse a se desenvolver. Não obstante, Janis ainda estava muito pouco segura quando, a 10 de junho, estreou com o conjunto no Salão de Baile Avalon. A maioria das dúvidas que ela pudesse ter tido, pelo menos no setor musical, acabaram nessa noite — assim ela dizia.

— Aconteceu logo da primeira vez — contava. — Eu simplesmente explodi. Costumava cantar no estilo Bessie Smith. Ficava parada e cantava simples. Mas não se pode cantar assim diante de um conjunto *rock*, com todo aquele ritmo e aquele volume. A gente *tem* de cantar alto e se mexer!

Mas essa recordação de uma glória instantânea não foi partilhada por mais ninguém. Muita gente não gostou nada da nova aquisição. James Gurley ouviu várias vezes a mesma queixa: "Botem essa garota pra fora! Ela é triste!" Os *blues*

"Quando tudo está explodindo ao meu redor, você também tem de explodir."

interioranos de Janis não combinavam com a fúria do conjunto e o resultado era estranho aos ouvidos são-franciscanos. Mas o seu estilo acabaria mudando — como, sem dúvida, a própria Janis.

Depois de viver com Travis Rivers por pouco tempo, Janis alugou um quarto em Pine Street. Parecia ter feito um pacto consigo mesma e, durante algum tempo, conseguiu mantê-lo. O sonho de Dave Getz fora por água abaixo. O que ele imaginara não aconteceu, pois Janis mantinha uma reserva nervosa bem diferente da criatura dos seus sonhos e, quando ele se excedia no banco traseiro no carro, Janis logo punha um alto. Talvez fosse, pensava Dave, por causa de Travis; mas não podia ser isso, porque Janis, a essa altura, já não ligava muito para ele.

Ela também conservava a sua agenda, uma espécie de símbolo que a ligava às restrições de casa, e onde marcava as datas das suas apresentações com o mesmo cuidado com que anotara as provas em Lamar e os aniversários da família. Os Big Brothers não sabiam de nada disso nem desconfiavam que ela pudesse ter medo do ambiente que a rodeava. Já se tinham acostumado à sua falta de *glamour*. Ela era medrosa, crua e teimosa. Se em alguma ocasião expressou ansiedade, não é disso que eles se lembram. Achavam que ela estava apenas se lamuriando;

— Tínhamos de ouvi-la dizer coisas como "vou voltar pro Texas!" — resmunga Dave Getz.

Foi nesse verão que Tary Owens esteve em São Francisco e foi dar com Janis trabalhando em couro no seu quarto, *hobby* que arranjara para manter as mãos ocupadas, aliviar a tensão e não voltar a tocar em drogas. Já se passara um ano desde que ela decidira não mais usar drogas e não havia dúvida de que podia passar sem ela.

Jim Langdon também esteve com ela nesse verão: "Houve um momento, quando eu cheguei, em que ela se mostrou quase na defensiva, mas nunca soube por quê!"

Embora Janis estivesse realmente apavorada pelo consumo de drogas na comunidade de Haight, gostava da vida fantasiosa que ali se levava, porque era um estímulo para a sua própria vida. Era uma corrente interminável de pessoas destituídas (como ela) de identidade forte, que a procurava. Eram índios, eram negros, eram ciganos. Suas roupas eram engraçadas. Tinham nomes engraçados e faziam tudo o que pudesse lhes fazer esquecer o passado. Não podia haver ambiente mais adequado às suas exigências psíquicas, pelo menos até que a fama substituísse as compensações que o ambiente lhe dava. Os esforços para manter as restrições foram diminuindo. Anotou na sua agenda o dia em que tinha de renovar a matrícula na escola, mas em vez disso foi com o Big Brother para Laguanitas, uma cidadezinha rural no Vale de San Geronimo. Foi lá que a mudança começou.

Com o tempo, viriam as rendas, os colares de contas, as pulseiras e os anéis, o fim da austeridade texana. Janis já se encontrara com sua velha amiga Sunshine, que tinha franzido a testa para o seu modo de vestir, fazendo Janis reconsiderar. em Laguanitas, a visão cresceu ante o brilho e os ornamentos das roupas das outras moças. Eram elas Nancy Getz, uma visita freqüente chamada Suzy Perry e, principalmente, a mulher de James, Nancy Gurley.

Linda era carismática, Nancy Gurley parecia possuída de uma vaidade toda especial que fazia com que os outros a comparassem a uma rainha cigana. Vestia longos de renda e veludo. Uma profusão de colares enfeitava a porcelana do seu pescoço. O tempo em que as roupas que a sra. Joplin mandara a Janis lhe tinham parecido demasiado suntuosas já estava muito longe. Ela podia ser assim! Depois viriam os rituais, as maneiras de se comportar, as coisas em que acreditar e que dizer, esperadas, aprovadas, dignas de atenção. As roupas exigiriam dinheiro, que Janis ainda não tinha. Mas a imagem começava a se formar...

Janis ficou impressionadíssima com Nancy e com seu marido. Não podendo ainda copiar o modo de vestir dela, procurou imitá-la, seduzindo James. Janis gostava de competir mesmo com os seus ídolos. Além disso, James tinha uma atração feita de ternura, embora Janis preferisse descrever os homens, inclusive James, em termos da sua capacidade sexual. Esse modo de falar era estimulado pelos outros, de maneira que ela persistia nele. Janis também tinha tendência a falar de si mesma nos mesmos termos, como se eles encerrassem uma definição secreta.

Naturalmente, o caso com James criou um sério conflito entre as duas mulheres, mas ele foi resolvido e Janis e Nancy continuaram muito amigas, exercendo Nancy uma grande influência na transformação de Janis.

— Quando a gente estava perto de Nancy — explica Richard Hundgin —, a gente sentia as coisas.

Mais tarde *road manager* dos Big Brothers, Richard era um velho amigo do conjunto e das pessoas que a ele se ligavam, muitas das quais morreram vítimas das drogas:

— Ela simbolizava a Terra Mãe do Tarô — dizia a pobre Nancy. — Além do mais, era uma moça culta, com um mestrado em literatura inglesa. Ao que parece, porém, pouco

Janis impressionava a todos, revelando com a máxima franqueza, a intensidade dos seus desejos.

ligava para isso; consumia um bocado de ácido, que gostava de misturar com metadrina. Relutante a respeito de heroína, morreu justamente disso, em 1969, quando estava grávida. Como figura central na casa de Laguanitas e líder dos seus ritos cerimoniais, Nancy ensinava a todas as moças a fazer colares de contas. Havia ainda outros rituais. Cindy Albion era a única moça, naquela casa, que não usava drogas. Para Janis, a tentação era horrível, principalmente por se encontrar novamente no meio de casais e se sentir terrivelmente só.

Peter vivia com Cindy; Sam, com uma moça chamada de Rita Metadrina e, embora David e Nancy Getz estejam agora separados, naquele tempo eram casados. O caso de Janis com James não chegou a ponto de separar os Gurleys. Havia uma moça que costumava aparecer de vez em quando e com quem Janis tinha relações. Mas isso não era o que ela queria. No fundo, ela não tinha nada a fazer senão jogar bilhar nos bares locais e sair com os Grateful Dead que, por acaso, estavam vivendo na mesma rua. Isso, porém, não a fazia sentir-se menos só. As noites que passava bebendo com os rapazes — e Janis sempre bebia — não conseguiam fazê-la esquecer de que não era feliz. Acentuavam apenas a sua constatação de que nada mudara.

Finalmente, após uma luta valente, ela acabou fazendo o que jurara nunca mais fazer, embora os "picos" não atingissem as tremendas proporções de outrora. A música ajudava-a e, se as anfetaminas faziam com que as outras enfiassem contas sem parar, Janis usava o *hobby* com o fim oposto de diminuir o consumo de drogas. Houve um dia, porém, em que Nancy Gurley, Rita e Janis fizeram uma cortina de contas curtindo um barato de metadrina. Diz Dave Getz: "A metadrina faz com que as pessoas criem. Todo mundo criava alguma coisa, como pôsteres e música".

O LSD era a principal droga consumida no apogeu da comunidade de Haight-Ashbury e seus adeptos ainda insistem em afirmar que ele propicia uma visão-relâmpago dos

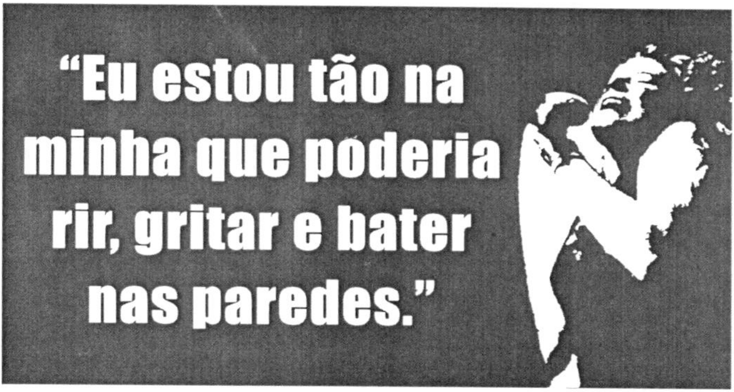

infinitos mistérios do universo. O que eles aprenderam ninguém que não tenha tomado a droga é capaz de saber, porque a experiência psicodélica não pode ser traduzida em palavras. Seus adeptos dizem apenas que, durante as horas em que foram transportados, experimentaram uma "união" com o universo e voltaram à Terra com uma sabedoria que, infelizmente, não conseguem expressar, em razão de sua enorme profundidade. Mas, embora atribuindo ao LSD o poder de iluminá-los, garantem que ele não inflige danos ao cérebro. Sugestões desse tipo — psicose tóxica ou lesões cerebrais — são dadas apenas pelos médicos e são, por conseguinte, falsas. O máximo que o ácido pode fazer, asseguram eles, é trazer para a superfície uma situação pré-existente e, quando isso acontece, é ótimo. De qualquer maneira, o risco é válido. A viagem psicodélica, segundo eles, é semelhante à experiência mística e, embora a disciplina seja o ponto crucial dessa experiência, os verdadeiros crentes na nova consciência encontraram uma maneira de contorná-la.

Janis tomara ácido uma vez, em North Beach. Nos primeiros tempos com os Big Brothers, tomou-o de novo, inadvertidamente. Pegando uma garrafa de vinho que estava sendo passada em volta, ela bebeu três grandes goles de uma poção poderosamente dosada.

— Puxa! — exclamou um dos que estavam na sala — Você deve adorar ácido!

— Ácido! — gritou Janis e, erguendo-se de um pulo, correu para o banheiro, onde vomitou.

Isso aconteceu na primeira noite em que ela assistiu a Otis Redding. Seu efeito sobre ela foi fantástico. Bill Graham não esquece o entusiasmo com que Janis assistia a cada apresentação de Otis no Fillmore, naquele fim de semana. Uma hora antes do *show*, ela já estava na pista de dança, bem no meio, pertinho do palco. Enquanto ele cantava, ela não tirava os olhos dele, extasiada. Absorvia-lhe os movimentos, vibrava com os seus gritos e, na sua imaginação, talvez, ouvia a sua própria voz cantando assim. Mais tarde, Tina Turner também exerceria nela uma enorme influência, mas foi Otis Redding quem modificou o conceito de canto de Janis: "O seu estilo de alta-voltagem começou naquele momento", declara Dave Getz.

Não demorara muito para que Janis abandonasse as restrições de Port Arthur. Para a maioria, ela era dura e solta, revelando com a máxima franqueza a intensidade dos seus desejos. Era alternadamente terna e exigente, quieta e barulhenta, insegura e majestosa, a personalidade do momento tão isenta de disfarce que era interpretada como um dom de sinceridade todo especial. Acima de tudo, ela parecia não ter quaisquer inibições sexuais, adotando uma caricatura da ética *hippie*. Daí o seu credo: fazer o que quiser, gozar quando quiser, aproveitar o momento, experimentar de tudo. Todo mundo admirava a sua filosofia.

Numa conversa telefônica, Janis disse-me que estava bebendo demais e que a bebida lhe estava afetando a voz. Outra vez, telefonou preocupada com as paradas de sucesso, pois lera no Melody Maker que descera para o terceiro lugar. De outra vez, me telefonou dizendo: "escute, não quero que você pense mal de mim por eu querer saber isso, e não é que eu esteja preocupada, mas você acha que este ano vou continuar em primeiro lugar na votação do *Playboy*?" Noutra ocasião, disse-me que gravar era duro e falou com preocupação do seu repertório.

Seria a carreira? A queda nas paradas de sucesso seria assim tão assustadora, algo como uma negação simbólica de amor, que o seu coração não podia suportar? Mas o resultado das paradas só apareceu depois que ela tinha retomado o uso de heroína. Seria, então, a angústia por ter de decidir entre carreira e casamento? A tensão da gravação? A atração do vício em si mesmo? Cinco meses sem tomar heroína não é muito tempo e havia a presença de Peggy a tentá-la. Tendo em vista todas essas circunstâncias, não é explicável que, para aquietar todos esses conflitos — a tensão, a tentação, a preocupação — ela enfiasse uma agulha na veia, procurando com isso conseguir alguma tranqüilidade?

Por seis vezes, no passado, ela tomara doses excessivas, sendo que cinco de heroína. Conhecia gente, claro, que tinha morrido de doses excessivas de heroína, entre as quais Nancy Gurley, com quem Janis se identificava de tal maneira, que a sua morte não pôde deixar de lhe suscitar um sentimento vívido de perigo. Claro que ninguém é realmente capaz de se compenetar da própria mortalidade. Claro que a infantilidade do viciado ainda diminui essa capacidade, transformando a morte numa forma de sono. Tenho quase certeza de que Janis concebia a morte assim, como uma espécie de país dos sonhos. Contudo, a idéia da morte pela heroína era algo que ela compreendia muito bem. Intensificando ainda mais essa compreensão, a advertência do dr. Rothschild fizera com que ela se apercebesse claramente do que estava fazendo. Ele não lhe dissera que ela poderia morrer, se continuasse a usar heroína: dissera-lhe que a morte era certa. A crença infantil de que ela era invulnerável deve ter ficado um bocado abalada. Fora esse, em parte, o motivo por que parara de se

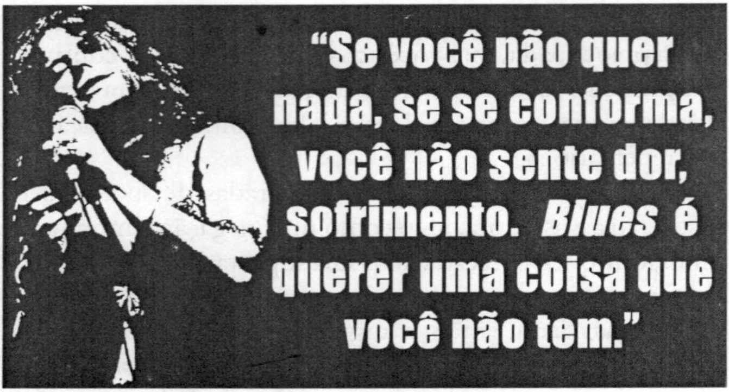

drogar. Sua atitude para com a droga mudara: já não tinha ilusões de que era possível usar heroína sem se tornar dependente; e, principalmente, tinha perfeita consciência do risco de morte que corria. A tal ponto que, durante aquele verão, fizera várias ameaças relacionando diretamente a morte com a droga.

O que estou dizendo presta-se a interpretações ambíguas, de maneira que quero tornar bem claro o seguinte: nenhuma das informações que tenho contradiz o veredicto do médico-legista, segundo o qual sua morte foi acidental. O que eu quero dizer é que o termo "acidental" é apenas um termo técnico, limitado à conclusão de que, no momento decisivo em que Janis se drogou pela última vez, ela não estava pretendendo conscientemente acabar com a vida. Mas, por mais exata que essa conclusão seja, ela nada tem a ver com o que aconteceu. Ou a gente diz a verdade ou a gente mente. E a verdade é muito importante, principalmente neste caso.

Grace Slick compara o uso de drogas com um acidente de automóvel: "quando alguém morre numa batida de automóveis, eu nem por isso deixo de dirigir o meu carro". O Richelieu do *rock*, Jerry Garcia, acha que acidentes acontecem com todo mundo, seja guiando carro, descendo uma escada ou se drogando, sempre com a morte como risco; além disso, afirma ele, ela teve uma boa vida, porque morreu feliz; Janis preferia ver as pessoas alegres, de modo que ninguém devia encarar a sua morte com tristeza. Tal foi a tônica dos comentários entre a comunidade *rock*.

A negativa dos amigos de Janis foi unânime. "Não foi à toa que a Lua, nesse dia, estava em Escorpião", declarou Sam Andrews. Mais tarde, retirou o que havia dito, mas Peter Cohon atribuiu a sua morte ao destino: conhecia uma pessoa que tinha escapado de uma ataque, a bala disparada de bem perto... Seth Morgan afirma que Janis não tinha "premonições... ou qualquer outra coisa desse tipo". Insistindo em que a morte fora "acidental, causada por um erro", John Cooke ficou indignado com o obtuário no *Time*. "Foi a mesma coisa que atribuir a morte a *suicídio*!", exclamou. Mas o artigo do *Time* não dizia nada que implicasse a idéia de suicídio. Dissera apenas que a injeção fatal fora aplicada pela própria mão de Janis. O que perturbou John deve ter sido essa imagem irrefutável, na qual se baseiam todas essas reações. O tema é o mesmo: a morte dela veio de *fora* — como um meteorito caído do céu. Mesmo quando as reações não foram tão idiotas, a divergência continuou sendo pequena. Com pouquíssimas exceções, nem mesmo a imprensa especializada se apercebeu do que realmente aconteceu: que a sua morte foi acidental apenas no sentido mais marginal do termo.

A tentação de retomar a agulha brincara com ela durante todo o verão e, nos meses de maior "fossa", acossara-a ainda mais. Ela bebia, o que já era bastante mau, apesar de ser um vício legal e de efeito mais lento. Podia ter cedido à tentação de voltar à heroína, mas não cedeu. Os temores a respeito da carreira tinham-na perseguido durante todo o verão, muito mais do que no fim. A votação da revista *Melody Maker*, como eu já disse, só foi publicada depois que ela voltara a se drogar. Não posso dizer com certeza que Janis tivesse conhecimento da carta aos gerentes de teatro. De qualquer maneira, não estava muito preocupada, ou me teria dito. Sabia que o álbum seria um sucesso artístico, mais do que qualquer outro disco que ela já fizera. Confiava em Paul Rothchild. Tinha consciência do seu progresso como cantora e estava satisfeita com o conjunto. Janis *nunca* se sentia segura, mas a ansiedade a respeito da sua carreira não podia ser maior do que dantes. Quanto a abandonar a carreira, tinha debatido essa idéia durante o ano inteiro. Pressão, conflito e depressão, tudo isso atingira o auge no verão. E a tentação tampouco estivera ausente nem em Nova York nem na Califórnia. Afinal de contas, ela mencionara os amigos viciados que sabia estarem hospedados no Landmark em julho. Poucas coisas tinham mudado em setembro: ela estava pensando em casar e estava se sentindo melhor. Foi justamente *então* que ela resolveu fazer o que, durante todos aqueles terríveis meses, tinha conseguido evitar. De modo geral, tudo indicava que a horrível depressão dos meses anteriores fosse suficiente para satisfazer a sua necessidade de autopunição. Não mais deprimida, ela viu-se compelida a procurar outro instrumento de danação.

Seis ou sete dias antes da sua morte, Janis queixou-se comigo de que Seth não estava com ela em Los Angeles. "Mas já me telefonou três vezes, hoje", acrescentou.

— Então, que é que você quer mais, Janis? — exclamei.

— Queria que ele estivesse aqui!

— Sabe de uma coisa? — falei — Acho que você não suporta ser feliz.

Janis suspirou: "Você tem razão".

As condições psicológicas, creio eu, eram mais limitadas do que o impulso generalizado à autodestruição. O que Seth Morgan pudesse fazer para dar felicidade a Janis não importa. Simbolicamente, ele era uma saída, uma forma de escapar à carreira e ao que ela lhe tinha feito; uma maneira de escapar a Pearl. Representava também uma tentativa, por mais frágil que fosse, de Janis conseguir uma ligação autêntica. Nesse sentido, o caso pode ter sido como que um anteparo, uma defesa destinada a prevenir o que acabou acontecendo. Mas, tendo em vista os outros elementos no caráter de Seth e o que parecia simbolizar, acho que ele foi também o veículo inocente do que aconteceu.

Não parecia haver sentido no fato de Janis voltar a usar heroína. Seus amigos dizem que ela conhecia bem os riscos. Ela apenas se drogava... para se tranqüilizar... talvez... para... para... não beber tanto... dormir... a carreira dela... a tentação... para... gravar... para... bem... ela ignor... ela... bem... bem... não tinha motivo! Mas tinha. No paradoxo da sua maneira de ser, nas condições da sua vida estava o sentido de tudo, a lógica trágica e precisa da culpa.

(Fonte: *Enterrada Viva*, Myra Frieldman, Civilização Brasileira.)

Janis na visão do artista gráfico Robert Crumb, num detalhe da capa do disco *Cheap Thrills*.

"Quando eu estou cantando não penso. Só fico ali,
com os olhos fechados, sentindo, me sentindo bem..."

Gênios do *rock*

Márcia Matos

"Eu acho que sou exatamente como uma tartaruga, escondendo-se sob o seu áspero casco; mas, você sabe, eu me protejo muito bem. Eu conheço essa maldita vida bem demais."

(De *Turtle Blues*, composta por Janis Joplin).

Janis podia saber se proteger exteriormente, mas não interiormente. Como poderia, ela que, mais do que qualquer outro ser humano, queria ser amada e querida?

Aos dezessete anos, Janis começou a cantar acompanhando os discos de Leadbelly e Bessie Smith; depois disso ela fugiu de Port Arhur, a sua pequena e comportada cidade natal. "Eu sempre quis ser artista, o que quer que isso fosse. As pessoas em Port Arthur pensavam que eu era uma *beatnik* e eles não gostavam de *beatniks*, ainda que nunca tivessem visto um, nem eu. Eu lia, pintava, pensava e não odiava os negros. Não havia ninguém como eu em Port Arthur. Era muito solitário ter todos aqueles sentimentos brotando, sem ter ninguém para falar a respeito. Eu era apenas a *bobinha* ou *louquinha*. Aquela gente me magoava um bocado."

Durante os três anos seguintes, ela andou por Houston, L.A. e entrou para a Universidade do Texas, em Austin, por um período muito curto. Lá, trabalhava a metade do dia como perfuradora de chave para ajudar a pagar as despesas. Cantava *folk blues* e tocava em festas particulares e cafés; com uma banda local. Janis continuou a vagar pelos bares e clubes *folks* do Texas, Nova York e São Francisco, cantado as suas contidas e estridentes versões de números de Bessie Smith e trabalhando em empregos estranhos ou apenas colhendo salários de desemprego.

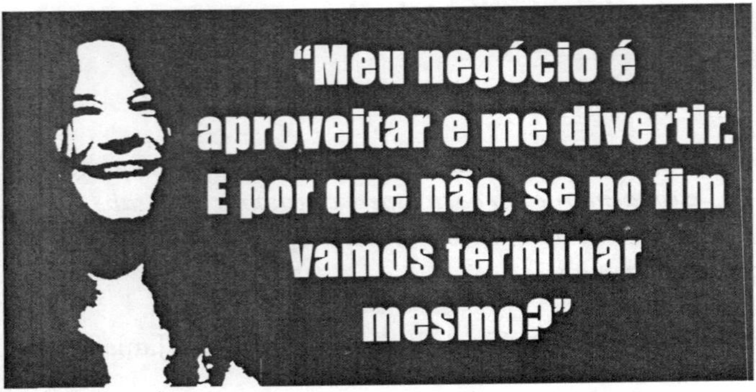

Em 1965, depois de dois deprimentes anos passados em São Francisco, voltou para casa e se dedicou intensamente à universidade, onde estudava para ser a professora que seus pais queriam que ela fosse. No entanto, sentia pertencer a São Francisco, onde havia encontrado pessoas iguais a ela. Janis era muito sofrida e sempre fora marginalizada. A sua atitude diante da música vai retratar essa experiência: "Minha música é sobre o sofrimento, sua urgência. Sua presença". Certa vez, quando já era famosa, sua mãe comentou para ela: "Você tem uma voz tão bonitinha, para que você grita tanto?" E ela respondeu: "Para você sentir o que eu sinto". Janis Joplin era a personagem mais inquietante da música *pop*.

Uma nova e emocionante comunidade estava se formando em Haight-Ashbury, São Francisco em 1965-1966. Bandas locais definiam novos estilos e Family Dog estava trabalhando para dar aos jovens um lugar para dançar. O *rock* era o denominador comum, a linguagem que mantinha a comunidade unida. O Jefferson Airplane tinha acabado de se formar. Era a hora e a vez dos concertos *pop*. Poetas como Ginsberg e Ferlinghett se juntavam aos conjuntos para fazer apresentações em benefício de qualquer coisa (do coitado do Fred que foi à falência, por exemplo). Os concertos em benefício *de* proliferavam. Equipamento eletrônico, *shows* de luz, The Grateful Dead, Big Brother and the Holding Co. — todos incentivavam um número crescente de pessoas a celebrar a sua recém-descoberta liberdade na vestimenta, na dança e na música.

Um velho amigo de Janis do tempo da Universidade em Austin, Chet Helms, estava na ápoca dirigindo uma casa de ensaio e de músicos e também empresariando o Big Brother and the Holding Co. O grupo estava precisando de um outro vocalista. Chet decidiu que Janis serviria e voltou ao Texas para contar-lhe tudo a respeito da música e do novo cenário *pop*. Ela deixou imediatamente a faculdade, a família e uniu-se ao Big Brother em junho de 1966, e com o grupo ela conseguiu fazer algum nome. Country Joe McDonald, com quem Janis tinha um ótimo relacionamento na época, fala sobre ela: "A sua ambição era ser como Otis Redding. O Big Brother dava muito duro. Trabalhava oito horas por dia, sete dias na semana, durante dezoito meses. Janis lutou e conseguiu o que queria — ela não tinha mais nada a fazer exceto morrer, ela tinha de morrer para completar o seu mito".

Numa comunidade de grupo eles não a deixariam morrer. Ela costumava olhar para si própria objetivamente e ver que precisava se recompor. Lamentava perder tempo e tomar drogas, mas vivia numa comunidade *hippie*, onde as pessoas só existiam espiritualmente, não politicamente, não tentando descobrir uma maneira mais sadia de viver. Ela era bissexual, mas não tornou isso público. Hoje ela seria uma pessoa diferente, mais suave. Tinha um forte lado feminino, mas o escondia, porque ninguém queria vê-lo. Já que foi educada no Texas, ela se defendia agindo de uma maneira agressiva — ela nunca se arrumava para ficar mais bonita e era muito solitária e insegura. Nenhum homem queria que ela tivesse sucesso. Janis se importava muito com sua família, mas o seu melhor amigo era o cachorro George."

Uma pequena companhia de Chicago ofereceu ao Big Brother uma chance para gravar. Foi um erro. A companhia de disco reteve o álbum e não o lançou até que Janis and the Big Brother — juntos com Hendrix — obtiveram uma reação sensacional da platéia e da mídia no Festival de Monterey Pop, no verão de 1967. O disco — *Big Brother and the Holding Co.* — era ruim, exceto em algumas poucas faixas, como *Down on Me* e *Women is Losers*. A voz de Janis não mostrava mais do que um esboço daquilo que estava para vir.

O diretor da Columbia Records e Albert Grossman — o empresário dos artistas de *rock* de maior sucesso na América — estavam entre os espectadores do Festival de Monterey e ambos se mostraram interessados no conjunto. Programado apenas para o *show* da tarde, o Big Brother voltou no *show* noturno pela exigência da platéia.

Em Monterey, Janis surgiu como uma jovem branca, de longos e despenteados cabelos louros. Mas no instante em que o Big Brother começou a tocar, aquela figura anterior de menina assustada passou a se tranformar. O conjunto tocava *Pice of My Heart* e a cada nota do contrabaixo ela dava uma pancada com a mão na perna. Ao final do número, o público entrou em delírio. Dessa data em diante, seus discos passaram a vender milhões. Janis parecia uma jovem de oitenta anos, mas que se transformava ao cantar. Nessa época ela já bebia muito e fazia várias visitas à garrafa de uísque ou gim escondida dentro do piano. Ela precisava do calor do álcool para cantar — precisava do ouriço; era muito louca, muito neurótica.

A angústia, o jeito desesperado, os cabelos por todos os lados, a voz em todos os decibéis, o *hard rock*, o *blues*, a convivência com os negros, a aridez do Texas, o *underground* de São Francisco, a garra — tudo isso vinha à tona quando se apresentava. No palco era dramática: gemia, implorava, acariciava o microfone, batia os pés. Um sorriso infantil de repente substituía a expressão angustiada, depois começava a chorar. "Eu prefiro não cantar do que cantar quieta" — são palavras que lhe deram a devoção arrebatada de milhões de fãs que a deixavam física e emocionalmente exausta. "Sou uma mulher que não tem medo de ser mulher em público, feminina, de revelar-se, de oferecerse. Eu canto com a minha voz, meu corpo e meu sexo. Eu canto toda. Eu sei que nenhum cara nunca me fez sentir tão bem quanto uma platéia me faz. Eu estou realmente metida nisso agora. Uma coisa assustadora para se dizer, não é?"

O Big Brother assinou contrato com o *manager* Grossman em janeiro de 1968. Em maio, o movimento *hippie* estava decaindo em São Francisco e a banda estava gravando um novo disco em Nova York — *Cheap Thrills* —, que recebeu um disco de ouro antes de ser lançado em setembro, só de pedidos antecipados (rendeu um milhão de dólares). Para muitos, *Cheap Thrills* é o álbum favorito, com versões imortais de *Piece of My Heart*, *Summertime* e *Ball and Chain*. Neste disco, amparada pelas guitarras elétricas, ela recriava a música negra tradicional, o *blues*, numa síntese do velho e do novo, tal como Hendrix também buscava.

Janis, Big Brother e o público viam o inevitável divórcio à frente. A imprensa sempre havia destacado do grupo o talento de Janis. Foi em Nova York que ela decidiu partir. A espécie de *performance* que ela iria fazer seria diferente daquela do grupo. Ela fazia uma apresentação de estrela, relacionando-se com a audiência como se ela fosse a única no palco e não se relacionava com o grupo de maneira alguma. Logo depois de ter entrado para o conjunto, teve uma oferta para fazer uma turnê de *star* sozinha, mas ficou muito preocupada e não aceitou. Entre 1966 e 1968 o conjunto recebeu severas críticas e isso pesou na sua decisão de abandonar o Big Brother. Quando ela teve a sua segunda oferta para fazer uma turnê de *star*, pelo empresário Grossman, aceitou. Pete Albin, o baixo do conjunto, comenta: "Depois de 1968, era Janis a estrela: nós apenas fazíamos um acompanhamento de fundo para ela. Quando chegava ao final da música ela exagerava o seu cansaço. Certa vez, ela estava ofegando à frente do microfone e eu fiz uma brincadeira, dizendo que ela parecia a Lassie. Depois, nós tivemos uma briga nos bastidores. Eu não concordava com aquela maneira de ela provocar a platéia. Depois de um bis no Fillmore East, ela voltou ao palco e se ajoelhou. Talvez estivesse sendo apenas uma *performance* profissional mas ela certamente sabia cantar".

O seu novo conjunto, algumas vezes sem nome, outras vezes conhecido como Janis Review and Main Squeeze, teve dificuldades desde o início. Na noite de abertura em São Francisco, não receberam nenhum pedido de bis. A crítica da *Rolling Stone* diria na ocasião: "Toda a lenda em torno de Joplin cresceu em proporções desmesuradas, pelo que metas inalcançáveis foram colocadas para ela". O Festival *Pop* de Atlantic, no verão, mostrava o grupo de volta à sua forma.

Em novembro *I Got Dem Ol' Kozmic Blues Again Mama com Try, Little Girl Blues* e *Word Me Lord* foi lançado para uma crítica entusiasmada. Nele, as guitarras tinham sido substituídas pelos metais, num estilo mais aproximado dos antigos conjuntos de *jazz* A voz era como sempre aguda e áspera. Para alguns, Janis estava vivendo o papel da Grande Dama do *Blues* e o fez portando um disco mais digestivo, menos selvagem e mais insatisfatório. *Kozmic Blues* já não tinha a banda de *hard rock* do Big Brother, mas arranjos, macetes e toda uma indústria por trás. Sem o sentir, ela envolvera-se no esquema do *show bizz.*

Ainda no mês de novembro de 1969, ela teve complicações com a polícia por ter usado "uma linguagem indecente e vulgar", durante uma *performance* em Tampa, Flórida. Janis tinha uma genialidade difícil de compreender. Certa vez, ao ficar nua durante uma apresentação, ela explicara aos policiais: "Eu não quis ficar nua. Apenas fui sentindo a música me possuir. As guitarras 'explodiam' atrás de mim, eu não poderia deixar de 'explodir' também". Janis e seu novo grupo tocaram

Janis no Copacabana Palace (Rio de Janeiro),
durante o carnaval de 1970.

no Madison Square Garden em dezembro do mesmo ano. Era a sua última apresentação antes de uma pausa de três meses — sentia que precisava parar um pouco.

Em abril de 1970, tocou no Fillmore West de novo com o Big Brother, quando reviveu o passado, cantando seus antigos sucessos. Em junho do mesmo ano Janis e seu novo grupo — Full Tilt Boogie — fez a sua primeira apresentação. Foi um tremento sucesso — o público, a crítica e o grupo ficaram extasiados. Janis estava muito feliz e isso transparecia no seu modo de cantar: "É mais como uma família de novo", disse ela. A sua última apresentação com o grupo foi igualmente sensacional. Diante de 40 mil pessoas, ela dirigia o Full Tilt Boogie com o corpo. Um golpe de anca e entrava o baixo, um sacudir de cabeleira, era a vez da guitarra elétrica e, no final, o grito rouco.

Depois se seguiram as gravações em L. A. O álbum deveria ser lançado em dezembro e uma turnê estava programada para essa época. A última vez que Janis se apresentou para o público foi de volta a Port Arthur, para a reunião do 10º aniversário da colação de grau de sua turma de 1960 no ginásio Thomas Jefferson. Foi a sua primeira reunião com a turma e a sua primeira visita à família em três anos.

No dia 1º de outubro, ela visitou seu advogado e parecia estar muito feliz com o novo álbum e com um novo relacionamento. Ela estava saindo com um tal de Seth Morgan e pensava em se casar e ter filhos. Nesse dia ela também assinou o testamento, deixando tudo para sua família e mais 2 ou 3 mil dólares para pagar uma festa na costa oeste e outra na costa leste, só para que seus amigos pudessem ter um baile.

Pete Albin, membro do Big Brother, viu Janis pela primeira vez em 1963, num concurso de talento em Monterey. "Ela estava cantando um número de Bassie Smith, em pé, rígida, com as mãos na cintura, cantando *blues* que ninguém tinha ouvido antes, exceto em rotação 78. Quando ela se uniu a nós, as pessoas diziam que a sua voz era terrível e parecia lixa; então ela só cantava em alguns poucos números. Mas, à noite, quando estávamos todos morando juntos como uma família, ela ficava tocando guitarra para si mesma. Ela parecia então a Baez ou a Bessie Smith. Era capaz de fazer qualquer coisa, *rock and roll*, *folk*, coro, mas nunca acreditou que fosse realmente boa como intérprete ou compositora. Ela tentava muito agradar a todo mundo. Aquele estilo, aquela personalidade áspera, dura; aquela maneira de ser um pouco mascarada como quem acredita no próprio mito, era uma aparência. Era muito sensível e ficava magoada à toa. Ela precisava das pessoas e odiava ficar sozinha. Queria uma relação estável como todo mundo, mas tinha medo de ser usada pelos homens, então se tornava agressiva.

Logo antes de morrer ela tinha começado um relacionamento muito bom. Por dois ou três meses tinha largado a heroína e não se ligava em ninguém que estivesse com drogas. Uma completa mudança. Mas ela ficava fraca sem isso e deu a desculpa de que "estava bebendo mais e prejudicando a voz".

Todo o tratamento que se deu a Janis foi em torno de sua personalidade extravagante. Ela foi chamada de neurótica, de anjo, de deusa dos marginalizados, de branca de alma negra, de musa dos *hippies*. (Ela preferia ser chamada de *beatnik* a *hippie*, "porque os *hippies* são ingênuos e crêem que o mundo possa ser melhor".). Falou-se muito pouco, no entanto, sobre Janis como uma inovadora no vocal e uma inovadora em atuação no palco. Na época, ninguém fazia o que Janis estava fazendo — brancos ou negros. E quando ela se estabeleceu já não era tão criativa quanto no começo.

Existe uma gravação que ainda não foi lançada, na qual Janis canta *Hesitation Blues* com alguém batendo à máquina ao fundo. Ela usava a sua voz como um instrumento e não se importava com o tipo de ferramenta que precisaria usar.

Pearl, o último álbum de Janis com o Full Tilt Boogie, foi lançado em 1971. Nele, ela sai ligeiramente de seu estilo anterior, baseado no *blues*, para um estilo mais *soul*, como em *Cry Baby* e *Get It While You Can* — uma música que muitos viram erroneamente como o seu epitáfio. Depois foi lançado *Joplin in Concert*, um álbum duplo, e *Janis Joplin's Greatest Hits*, ambos apenas compilações de seus antigos sucessos.

O seu antigo material continua a ser descoberto — podemos esperar, portanto, mais algumas tentativas de prolongar a mitificação da imagem de Joplin, uma vítima do impulso canibal de seu meio, do público e da indústria da música *pop*.

Janis morreu no dia 4 de outubro de 1970, menos de três semanas após a morte de Hendrix, em Hollywood, no Landmark Hotel, onde estava hospedada durante as gravações. Foi encontrada no chão, os lábios ensangüentados, o nariz quebrado e tinha US$ 4,50 na mão. A autópsia final concluiu: "Morte involuntária causada por dose excessiva de heroína". Tinha então vinte e sete anos.

Consagrada pela crítica como mais um elo de continuação das grandes damas da música popular americana, na mesma tradição — embora com estilo completamente diferente — de Ella Fitzgerald, Sarah Vaughan, Billie Holiday e Aretha Franklin, seu estilo era extremamente agressivo, mais acentuada ainda essa agressividade por um timbre rouco e profundo. Janis Joplin saiu direto do *underground* para o estrelato e daí para o mito.

Uma *love story* ao som do *blues*

Antonio José Mendes

Ano de 1970, véspera do carnaval: Mariel Mariscott é o sonolento segurança que monta guarda na porta da boate Cabana Holliday, na esquina da avenida Nossa Senhora de Copacabana com Princesa Isabel (atual Bataclan). O cartaz na porta anuncia um *show* com Serguei, Darlene Glória (então namorada de Mariel), Alcione e Costinha. De repente, Mariel é despertado por uma visão psicodélica. Uma mulher baixa, de ar adolescente, peruca roxa, lenço estampado na cabeça, duas rosas presas nas orelhas, vestido de malha tricotada, muitos colares, pulseiras, anéis e os pés descalços adentra o Cabana Holliday. Ela é Janis Joplin. *Come here, Serguei boy*, grita, e estala um beijo na boca do velho amigo que não vê há tempos. A moça pede uma dose de vodca, prova e atira o copo para o lado. "*Fuck it, man*, está misturado com água", e pede uma garrafa de vodca pura. Começa o *show* de Serguei, e Janis não resiste e pula no palco quando ele canta a buliçosa *What I'd Say*, de Ray Charles. Segue-se um dueto histórico. Depois, acompanhada pela banda de Serguei, com uma voz que é uma mistura de *soul*, sexo e *blues*, ela canta sozinha seu sucesso *Ball and Chain*.

É tudo verdade, e esta noite memorável está registrada no livro *Música, Humana Música*, de Nelson Motta. Agora, uma nova memória sobre Janis no Brasil está nascendo para manter viva a Grande Época do *rock* psicodélico. Serguei (que chorou no programa *Shock*, da TV Manchete, ao falar sobre a amiga), está gravando pela Top Tape o LP *Serguei Canta Joplin*. No disco, a versão do maldito e marginal roqueiro para *hits* de Janis como *Mercedes Benz*, *Summertime*, *Move Over*, *Half Moon*, *Try* e ainda uma música que Janis nunca gravou em sua vida, o blues *Cry Me a River*. Por que a inclusão desta canção?

"...sempre fui uma vítima de mim mesma. Eu fazia coisas erradas, fugia, ficava maluca. Agora faço esse sentimento trabalhar para mim, através da música, em vez de me destruir."

Serguei conheceu Janis em um festival de *rock* em Long Island, no ano de 1968. Foi apresentado a ela como um *brazilian rock star* e a amizade nasceu à primeira vista. "Ela era bissexual, como eu", afirma ele. Juntos, passaram por momentos loucos — como uma festa na casa de Jim Morrison, do grupo Doors, que "tinha um temperamento igual ao de Janis" — e morreu nas mesmas circunstâncias que ela. "Uma vez, brincando, ela me chamou para casar no Canadá. Uma aura brilhava sobre ela, não sei se era possuída por Deus ou pelo diabo", recorda hoje Serguei.

Ele atribui a si mesmo, aos cinqüenta e dois anos, o título de "o mais velho roqueiro do Brasil", mais antigo até do que Erasmo Carlos. A carreira de Serguei decolou a partir de 1964, com gravações como *As Alucinações de Serguei*, com a companhia de The Youngsters, então a banda de Roberto Carlos.

Em 1967, já era um *hippie* completo na canção *Eu sou Psicodélico*, e nessa época subiu sozinho na estátua do Pequeno Jornaleiro (na rua do Ouvidor com avenida Rio Branco, no Rio de Janeiro) para um ato público contra "a caretice e o convencionalismo". Mas Sérgio Augusto Bustamante sempre

Janis em Woodstock, 1969.

ficou à margem do sucesso. "Todos cantavam duro, e eu cantava aberto, sem camisa, num estilo meio Mick Jagger. Meus ombros, meus requebros eram sensuais, como o *rock*. Existem várias formas de sucesso, não é só ser tocado em rádios FM", reflete. Fiel à tradição de maldito, é o artista favorito dos Hell' Angels (*gang* de motociclistas) do Rio, e também dos surfistas de Saquarema, local onde montou uma espécie de refúgio. Continua sentindo-se "em casa com os jovens" depois desses anos todos, e há pouco recebeu o título de "O Dinossauro do *Rock*", dado por Alex Mariano, produtor da rádio maldita *Fluminense FM*.

Pulseiras e contas

Janis Joplin era a artista favorita dos Hell'Angels da Califórnia. Ela dizia para Serguei: "Ídolo é o Jimi Hendrix, eu não sou nada". Não gostava dos Beatles — "*Fuck the Beatles, man*", costumava dizer — e adorava o Jefferson Airplane (atual Jefferson Starship), sua banda favorita. Detestava também sua própria banda, a Big Brother and the Holding Company e não descansou até que fundou seu último grupo, o Full Tilt Boogie.

Quando Janis chegou ao Brasil, às vésperas daquele carnaval de 1970, era considerada a revelação mais excitante no cenário *pop* norte-americano, uma estrela de primeira grandeza. Dois discos dela já haviam sido lançados aqui: *Cheap Thrills* e o explosivo *Kozmic Blues*. No entanto foi totalmente ignorada pela imprensa em seus primeiros dias no Rio. Quando finalmente foi descoberta, deu o troco xingando repórteres e atirando areia em fotógrafos, até concordar em conceder uma coletiva na pérgula do Copacabana Palace. A seu lado o namorado George, um *beatnik* holandês que, segundo Serguei, "era chegado a um *swing*".

Ademar Teixeira Martins, morador no Leme, hoje com

trinta e quatro anos, era um garoto no dia em que viu a moça muito *hippie* montando pacientemente um colar de contas enquanto fumava um "baseado" numa mesa de bar em frente ao Leme Palace Hotel. Ele se aproximou dela: "Janis tirou uma conta, enfiou numa linha e amarrou no meu pescoço. Até hoje não me perdôo por ter perdido aquele colar". Ademar também se recorda de que a moça era bonita, "mas muito acabada, como se não dormisse há muito tempo", e que ela ficou zangada quando outro rapaz perguntou que marcas eram aquelas em seus braços, sob as pulseiras. "Ela usava dezenas de pulseiras para esconder os 'picos' ", confirma Serguei.

Isso dói, *man*

Nelson Motta também guarda memórias: "Na entrevista do Copa, muita gente a chamou de espantalho, mas eu e o Hélio Oiticica achamos que era linda, uma alegoria". Janis bebeu vodca e gim com os favelados na Rocinha, marcou e cancelou uma Feira de música *pop* em que se apresentaria com roqueiros brasileiros na praça General Osório e defendeu as drogas: "Os velhos são os culpados, estabelecendo as proibições e criando problemas. Se o álcool fosse ilegal todos se tornariam alcoólatras, por exemplo", disse aos repórteres.

Ela foi expulsa do colégio, expulsa de sua cidadezinha natal, Port Arthur, expulsa de três universidades e expulsa de seu estado, o Texas. Ser a única mulher branca a cantar *blues* com a sensualidade e o desespero dos intérpretes negros criava problemas. Mas, naquele domingo de carnaval, ela estava feliz como uma criança, ao sair fantasiada do hotel. Motivo: fora convidada para o camarote presidencial no Baile do Municipal. Finalmente perdera o *status* de objeto não identificado no Brasil. Só que algumas horas depois que o baile começou foi encontrada chorando como uma criança, no *hall* do Municipal, pelo jornalista João Luiz de Albuquerque. Janis disse a ele, entre um rio de lágrimas:

— *Man*, vim de longe para ver o carnaval de vocês... vi aqueles caras sambando só com os pés e alma. *Man*, vim a essa festa enorme, fui convidada a subir a um camarote por gente que é muito famosa aqui; entro e eles me expulsam de lá. O que me incomodou foi o riso deles, a gargalhada daquela gente, todos rindo de mim. Sabe, *man*, eles não me conhecem, não querem saber o que penso, o que faço, não querem nem ouvir o meu canto. Só querem me ridicularizar, *man*, e isso dói.

Ela não resistiu muito mais tempo aos reveses. Oito meses depois morreu num quarto de hotel de Hollywood, fulminada por dose excessiva de heroína e ignorância humana.

Serguei esteve com Janis vinte e cinco dias antes de ela morrer. Levou uma bronca: "Você tem muito *feeling* quando canta, mas tem de improvisar mais". E ouviu uma revelação: "Não morro sem gravar *Cry me a River*, *man* ". Morreu, mas Serguei vai gravar por ela e diz hoje, categórico: "Nunca mais transei com uma mulher com tanto sentimento".

A branca pérola negra do Texas

Wilson Cunha

"Não quero fazer nada pela metade. Tenho vinte e seis anos e é isso que me preocupa — não o que vai me acontecer quando eu tiver noventa e cinco anos", afirmou com certo ar de desafio e deboche Janis Joplin ao jornalista Hubert Saal, da revista *Newsweek*. Estávamos, então, por volta de fevereiro de 1969. Entre suas inúmeras e aparentes contradições — ela gostava de dizer, por exemplo, "canto música negra para tirar dinheiro dos brancos" — encontrava-se esta. Janis parecia nada se importar com o futuro, embora, segundo inúmeros testemunhos, sofresse de uma doença incuravelmente classe média — sovinice —, da qual ela saíra. Como explicar os inúmeros becos sem saída de sua cuca confusa desde os primeiros indícios, aos sete anos — quando não havia nem álcool nem heroína para servir de bode expiatório?Janis tinha um credo, afirmam os seus amigos que com ela viveram os tempos áureos da contracultura em Haight-Ashbury — o período em que o *rock* trocava seu eixo de Liverpool (Inglaterra) para São Francisco (Estados Unidos): "Fazer o que quiser, gozar quando quiser, aproveitar cada momento, experimentar de tudo". Poupando como uma louca (depois de sua morte descobriram-se inúmeras contas bancárias em seu nome, os canhotos dos talões de cheques anotados até os centavos), gastando como uma desvairada, Janis vivia, entre cheques e choques, suas contradições até a última dose. A angústia — que parecia explodir tão espontânea e doloridamente em cada uma de suas gravações — também continha algo de profissional. Da mistura caótica surgiu essa branca texana, a pele tão branca que parecia uma pérola (e este foi o título de seu último LP), de voz tão negra que em um *Summertime*, sozinha, seria capaz de fazer esque-

"O sofrimento encharca a manhã e se evapora à noite."

cer da voz de Ella Fitzgerald e a presença de Louis Armstrong juntos. Janis: meteórica, cósmica e inesquecível.

O pior cego, dizem, não quer ver. Na infância de Janis surgiria um fato bastante significativo de seu quadro — carência e exibicionismo — e que ficou esquecido, como conta Myra Friedman em seu excelente *Enterrada Viva — A Biografia de Janis Joplin*. O fato: "Um dia, quando Janis tinha sete anos, sua mãe tirou uma foto do grupo de fadinhas do qual a filha fazia parte. As meninas enfileiraram-se para tirar o retrato diante da escola e Janis colocou-se de pé, mais ou menos escondida, na segunda fila. De repente, enquanto sua mãe estava olhando através da máquina, Janis passou para a frente do grupo. A mãe disparou a máquina; Janis fez uma reverência — e riu".

Friedman afirma: "Segundo a sra. Joplin, esse incidente não foi típico". O pior cego, dizem, não quer ver. Parece. No caso, Myra Friedman trabalhou com (e para) Janis — e, bem... mãe é mãe. Mas acompanhem o desenrolar do raciocínio. Myra volta a ter a palavra: "Se era verdade que Janis tendia a falar mais do que de costume quando os Joplin tinham visitas, ela não mostrava uma inclinação especial para se destacar e passar à frente dos outros... " Mas, de uma forma ou de outra, durante toda sua vida, foi exatamente isto que

Janis Joplin fez — intencionalmente algumas vezes. Sem intenção na maior parte delas. Carente e exibicionista, ela sempre fazia das suas. Ainda no livro de Myra, um outro depoimento da mãe de Janis Joplin deixa ainda mais clara a contradição da afirmação anterior ("não mostrava uma inclinação especial..."), tornando-se evidente a carência e o exibicionismo: "(...) Janis parecia precisar de mais atenção que seus irmãos", observou a sra. Joplin.

"Quando não lhe davam bastante atenção, ela ficava infeliz e insatisfeita. Um relacionamento normal não lhe bastava. Precisava de mais atenção do que os outros dois. Era, também, evidente que Janis queria ser sempre a maior. Fosse em altura, em notas ou em atividades, tinha sempre de estar na frente. Não que eu ou o pai cobrássemos isso dela. Não me lembro de jamais ter acontecido qualquer coisa nesse sentido."

Uma desajustada, gorda, a pele adolescente tornando-se cada vez mais semelhante a uma lixa, Janis Joplin tentava a seu jeito ir sendo aceita pela comunidade — escolar, familiar — e não encontrava resposta a seus esforços. Por isso, a luta era sempre maior. E quanto menos recebia, mais ela se afundava em suas tentativas. Passou, por exemplo, a sair com a turma mais "brava" da escola — o pessoal realmente "da pesada" — e esta acabaria sendo uma das características de sua personalidade: andar sempre pelo lado mais selvagem da vida. Fosse na pequena e modorrenta Port Arthur, no Texas, fosse na São Francisco onde o *hippies* estabeleciam seu império, ou em Nova York — cidade em que algumas vezes passou. No lado selvagem da vida, Janis Joplin entregava-se ao álcool (desde cedo), a todo tipo de drogas e experiências sexuais. Até entrar na contramão.

Entre seus lemas, afirma uma colega dos tempos adolescentes, "Janis sempre dizia que não queria fazer nada em que não fosse a melhor". Assim, ao completar dezesseis anos (ela nasceu a 19 de janeiro de 1943), embora já tivesse alguns

O *blues* se ajustava perfeitamente bem ao jeito atormentado de Janis.

quadros expostos nas paredes de um café em Port Arthur (e começasse a vender), Joplin achava que não era uma pintora suficientemente boa e encontrava nova manifestação de seu talento: cantar. Embora a maioria das fontes indique ter sido por meio de Leadbelly que Janis Joplin encontrou a música, Myra Friedman afirma que sua primeira influência foi a também negra (embora bem mais recente) Odetta, enquanto reafirma o encontro definitivo na descoberta de Bessie Smith.

Era o verão de 1962. Janis começou a cantar em público e, também, a escutar Bessie Smith. Ainda em 1962 ela gravou um disco, um comercial, cuja músicabase era uma paráfrase de *This Land is your Land*, de Woody Guthrie. Ironia das ironias para Guthrie e, de certa forma, Janis: o *jingle* vendia um banco de Nacogdoches, Texas. Nessa época, ainda, ela torna mais freqüentes suas viagens — de Los Angeles a São Francisco. Nas idas e vindas não encontrava em casa qualquer motivação para mudar seu ritmo ou direção de vida. Em pleno outono de 1964 — depois de uma temporada em Nova York, quando mergulhou fundo nas drogas — Janis escrevia ao pai contando o quanto estava perturbada (sem confessar o uso das drogas), procurando alguma espécie de apoio.

O sr. Joplin, segundo ainda Myra Friedman, "emociona-se ao recordar a sua correspondência. E confessa: 'ela achava que na vida não havia nada de bom e perguntava se seria sempre assim. Eu explicava: Vai ser sim, e você tem de se conformar. Isso é a vida. Naturalmente, isso não a tornava mais feliz, mas Janis era do tipo pessimista e tinha de chegar à conclusão de que, se a vida era assim, bem, então não valia a pena' ".

Em maio de 1966, Janis avisou à família que ia embora de vez: "Mãe, pensei um bocado nisso. A única maneira de poder esperar algum sucesso é escolher um tipo de música que não seja igual ao de todas as boas cantoras. O tipo de música em que há menos cantoras boas é o *blues*. Vou ter

"Existem sempre os casais. Existe o casal Jack e Nova, Jim e Katty, mas só existe uma Janis."

que tentar assimilá-lo bem para poder vender..." O *blues* se ajustava perfeitamente bem ao jeito atormentado de Janis. E ela se juntaria a um grupo que não primava exatamente pelo perfeccionismo da técnica, o Big Brother and the Holding Company, como elemento de apoio, cantando fundo.

A reunião acabaria sendo diabólica: o toque agreste do Big Brother, a voz densa de Janis. Ou como Robert Muggiati coloca em seu livro *Rock — O Grito e o Mito* (que, não por acaso, tem Janis na capa): "O próprio canto de Janis é uma volta ao berro no estado bruto, o grito rouco e sofrido de uma raça". A raça, no caso, era não apenas a negra — que ela assimilara bem para poder vender —, rouca e sofrida, na realidade, mas a raça dos "desajustados" que Janis vivenciara e representava no palco. Os rebeldes em busca de sua causa dos anos de 1950 chegavam aos de 1960 ainda mais desiludidos, ainda mais perdidos. A juventude classe média mergulhava profundamente em seu desespero. John Kennedy fora uma esperança — e morreu a tempo de não deixar claro que sua Camelot era apenas uma ilusão transformada em desilusão pelo tiro de Dallas. Janis Joplin e seu Big Brother iriam personificar tudo isso. Dos bares de São Francisco — onde, em dezembro de 1966, cerca de 1.500 conjuntos floresciam na área da baía — ao palco do Festival de Monterey, em junho de 1967, Janis continua seguindo seus tortuosos caminhos, consumindo e consumindo-se em álcool e drogas. Na voz, cada vez mais rouquidão e angústia.

Myra Friedman foi testemunha ocular da história. E ela conta a explosão de Monterey-67: "No segundo dia do festival, o Big Brother and the Holding Company subiu ao palco. O conjunto atinou os instrumentos e, alguns minutos mais tarde, sua vocalista surgiu, cintilante num terninho de lamê prateado. Agarrou o microfone como que de um impulso. Um pé impaciente marcou o compasso na plataforma — e Janis Joplin soltou ao ar a primeira e surpreendente nota de uma *performance* que balançou mais o festival do que todos os outros números. Os aplausos que se seguiram pareciam o estrondo da terra se abrindo".

O estrondo se fez ouvir em toda parte. Recorro ainda a *Rock — O Grito e o Mito*: "Famosa da noite para o dia depois de sua atuação no Festival de Monterey, ela é exaltada por B. B. King, o rei do *blues*: 'Janis Joplin canta o *blues* com tanto sentimento quanto uma negra'. Janis responde: 'Canto música negra para tirar dinheiro dos brancos'". O primeiro LP de Janis, *Cheap Thrills*, para a Columbia, sofreu um longo e doloroso processo de gravação. O resultado chegou aos nossos ouvidos em 1968 e, como afirmam Phil Hardy and Dave Laing em sua *The Encyclopedia of Rock* (volume 2), "traria Janis em sua melhor forma". Em particular o clássico *Ball and Chain* e *Peace of My Heart* demonstravam seu poder como cantora e símbolo. Surgiam os gritos desesperados por amor e segurança, transformando-se na energia emocional da *performance*, atingindo um estágio da força de vontade para continuar (...)".

E Janis foi em frente. Ainda em 1968, abandonou o Big Brother com a certeza de que o grupo havia exaurido seu potencial de criação coletiva; em 1969, partia para *Kozmic Blues*. Em 1970, seria lançado o terceiro álbum, já postumamente, *Pearl* — a *persona* de Janis Joplin. Em *I Got Dem Ol Kozmic Blues Again Mama*, significativo título total do álbum, Janis traria dois outros clássicos, *One Good Man* (de sua própria autoria) e *Little Girl Blue*, além de *Try* (*Just a Little Bit Harder*), mas tanto neste quanto no posterior faltaria a "sujeira". Esta era a nota dominante em *Cheap Thrills* — a sujeira, um duelo desesperado antitécnico (e até talvez antiético) que fariam de *Summertime* o maior símbolo da obra de Janis — de sua época.

Em busca de amor e segurança, Janis Joplin procurava a felicidade. Uma de suas amigas, Linda Gravenites, ex-mulher de Nick, um dos parceiros de Joplin, conta esta história: "Um dia, Janis me perguntou: 'Linda, como é que você pode ser tão feliz? Você não tem nada!' Não tinha mesmo, mas era feliz e respondi: 'Janis, a felicidade é uma coisa subjetiva, depende daquilo a que você resolve dar atenção. Tenho amigos. Tenho a minha profissão. Que mais eu preciso?' Mas Janis não pareceu compreender". Talvez não tenha mesmo. Em fevereiro de 1970 esteve no Brasil, fez de suas jopliníadas (mas não conseguiu cantar numa praça de Ipanema como pretendia) e partiu. Em 4 de outubro errou na dose. Alguns falaram em suicídio. Outros pensam apenas em acidente. Mas foi seu último incidente.

Janis terminava seus *shows* rasgada, descabelada, completamente extenuada.

JANIS JOPLIN

Discografia

1968 - Cheap Thrills - CBS

Lado 1:

Combination of the Two / I Need a Man to Love / Summertime / Piece of My Heart.

Lado 2:

Turtle Blues / Oh, Sweet Mary / Ball and Chain.

1969 - I Got Dem Ol'Kozmic Blues Again Mama - CBS

Lado 1:

Try / Maybe / One Good Man / As Good as You've Been to this World.

Lado 2:

To Love Somebody / Kozmic Blues / Little Girl Blue / Work Me, Lord.

1971 - **Pearl** - CBS
Lado 1:
Move Over / Cry Baby / A Woman Left Lonely / Half Moon / Buried Alive in the Blues.
Lado 2:
My Baby / Me and Bobby McGee / Mercedez Benz / Trust Me / Get it While You Can.

1972 - **In Concert** - CBS (álbum duplo)
Disco 1
Lado 1:
Dow on Me / Bye, Bye, Baby / All is Loneliness / Piece of My Heart.
Lado 2:
Try / Get it While You Can / Ball and Chain.

Disco 2
Lado 1: Road Block / Flower in the Sun / Summertime / Ego Rock.
Lado 2: Half Moon / Kozmic Blues / Move Over.

1973 - **Greatest Hits** - CBS (Este LP não foi lançado no Brasil, ao contrário dos outros)

1975 - **Janis** - CBS (álbum duplo)
Disco 1 (Trilha sonora do filme *Janis Mercedez Benz*)
Lado 1:
Ball and Chain / Rap on Try / Try / Summertime / Albert Hall Interview / Cry Baby.
Lado 2:
Move Over / Dick Cavett TV Interview / Piece of my Heart / Port Arthur High School Reunion / Maybe / Me and Bobby McGee.

Disco 2 (Early Performances)

Lado 1:

Trouble in Mind / What Good Can Drinkin' Do / Silver Threads and Golden Needles / Mississippi River / Stealin' / No Reason for Livin / Black Mountain Blues / Walk Right in.

Lado 2:

River Jordan / Mary Jane / Kansas City Blues / Daddy, Daddy, Daddy / See See Rider / San Francisco Bay Blues / Winin' Boy / Careless Love / I'll Drown in my own Tears.

1982 - **Farewell Song** - CBS

Lado 1:

Tell Mama / Magic of Love / Misery'n / One Night Stand / Harry.

Lado 2:

Raise Your Hand / Farewell Song Amazing Grace / Hi Hell Sneakers / Catch me Daddy.